Өмір Сүру Дауылдары Және Басқа да Оқиғалар

Өмір Сүру Дауылдары Және Басқа да Оқиғалар

Aldivan Torres

aldivan teixeira torres

CONTENTS

1 | Өмір Сүру Дауылдары Және Басқа да Оқиғалар   1

1

Өмір Сүру Дауылдары Және Басқа да Оқиғалар

Aldivan Torres

Өмір Сүру Дауылдары Және Басқа да Оқиғалар

Авторы: Aldivan Torres
©2023 - Aldivan Torres
Барлық құқықтар сақталған.
Сериясы: Руханият және өзіне-өзі көмек көрсету

Бұл кітап, оның барлық бөліктерін қоса алғанда, авторлық құқықпен қорғалады және автордың рұқсатынсыз қайта шығарыла алмайды, қайта сатылмайды немесе жүктеп алынбайды.

Aldivan Torres, Бразилияның тумасы, бірнеше жанрда шоғырланған жазушы. Бүгінгі таңда ондаған тілде жарияланған тақырыптары бар. Ерте жасынан бастап 2013 жылдың екінші жартысынан бастап кәсіби мансабын шоғырландыра отырып, жазу өнерінің ғашығы болды. Ол өзінің жазуларымен Пернамбуко және

Бразилия мәдениетіне үлес қосуға үміттенеді, әлі Әдет-ғұрпы жоқ адамдарда оқудың көңілін оятады.

Жанқиярлық

Мен бұл кітапты алдымен Құдайға, менің отбасыма, туыстарыма, оқырмандарыма, мені ынталандыратындардың барлығына арнаймын.

Кіріспе

Өмір сүру дауылдары бізге барған сайын қиын, бәсекеге қабілетті, жылдам және зұлым әлемде бақыттың шынайы жолын көрсетеді. Ол өмірге, дінге, құдаймен және адамдармен қарым-қатынасымызға, өзімізге және біздің қалауларымызға, наным-сенімдерімізге, қорқыныштарымызға, талпыныстарымызға көрініс береді.

Біздің не екенімізді және не істей алатынымызды көрсететін даналықтың осы теңізіне сүңгейік. Жол жазылып, біз оңға да, солға да серпілме уге тиіспіз. Өз өміріңді басқалардың шынайы бақыт жолына апаратын жарық жолына айналдыр.

Өмір Сүру Дауылдары Және Басқа да Оқиғалар
Өмір Сүру Дауылдары Және Басқа да Оқиғалар
Жанқиярлық
Кіріспе
Сендерге дүниенің жауапкершілігі жоқ.
Өз кәсібіңізде көбірек тәуекелге барыңыз.
Өмір әрқашан да соған лайық.
Торғайлар сияқты еркін бол.
Серуендеу ескі сиден, Калумби қаласы
Кіші барабанға экскурсия, Калумби ауылы
Данамен түскі ас
Сөздерді бақылаңыз.

Кейде тыныштық ең жақсы жауап болып табылады.

Сыртқы келбеті бұл дүниеде өте маңызды

Жалпы оқу мен өнерді ынталандырайық.

Фестивальдері жіктелу

Менің отбасымның жағдайы күрделене түседі. Менің махаббатты табудағы жалғыз мүмкіндігім құпиялылықта және жеке үйлерде болар еді. Күрделі емес пе?

Менің сыншыларыма жауап

Менің өмірдегі тамаша жолым

Адал достарды тану оңай.

Әрқашан өзіңіздің жақсылықпыңызды беріңіз

Күрес уақыты болады, бірақ жеңіске деген үміт әрқашан да болады

Ақауларыңызды жойып, қасиеттеріңізді бағалаңыз.

Сіз тәуекелсіз өмір сүрмейсіз.

Бүгінгі жеңілістер бізді ертеңгі жеңістерге дайындап жатыр.

Үлкен көңіл-толмайтынына қарамастан, өмірге лайықты деп есептеймін.

Ештеңе мәңгі емес.

Біз әлемді жақсартудан ешқашан бас тартпауға тиіспіз

Қажет болған жағдайда акт

Бақылау арқылы әлемді қалай түсіну керектігін білу керек.

Кедей, әлсіз немесе мұқтаж жанды бағаламаңыз

Жаңа жағдайларға, жақсартуларға ашық болу және келесіні түсіну

Өмір сүріп жатқанша адамдарға жақсылық жасаймын.

Ішімізді естімей тұрып, наразы болып қала береміз.

Жобаларыңызды қарап шығыңыз.

Айыптау алдында өз әрекеттеріңізді көрсетіңіз.

Қате жібергенде оны алыңыз.

Әркіммен түсіністікті бол.

Әрқашан өз тыныштықты сақтаңыз

Мақтан тұтатын адамдар ешқашан толыққанды табысқа жете алмайды.

Адал досыңызды қалай тану керектігін біліңіз.

Жақсылық жолын жүріп өту – ең жақсы таңдау.

Жылқышы ауданына жол жүру

Біреулер өз жұмысыңызды, бойыңызды немесе активтеріңізді ұрлай алады. Кез келген адам сізді тонай алатын жалғыз нәрсе – сіздің оқуыңыз немесе біліміңіз.

Жер бетінде жетілу жоқ. Сондықтан біздің жалғыз ұстазымыз Құдай болуға тиіс.

Біздің бәрімізде маңызды білім бар.

Азап шегу принципі – біздің қате таңдауымыз.

Өзіңіздің бақылауыңызда жоқ нәрсеге өзіңізді кінәлі сезінбеңіз.

Ешкімге қарсы қайғы-қасірет ұстамаңыз.

Біз өткен өмірдегі қателіктер үшін ақы төлемейміз.

Ережелерге түспеңіздер, өз әдептеріңізді құрыңыздар.

Сұлулықты бағаламаңыз. Мән таңбасы

Өлімді бәріміздің сөзсіз тағдыры ретінде қабылдаймыз.

Балаларыңызға адал қамқорлық көрсетіңіздер.

Сізге тиесілі емес нәрсені ешқашан қаламаңыз.

Мен өзімді жақсы сезіну үшін жорамал әлем құрдым.

Сен-Раймонд-Пеняфор

Балалық және жасөспірімдік

Пеняфор сарайы - Барселона- Испания

Бес жылдан кейін

Біраз уақыттан кейін

Қайтыс болғаннан кейін мүлікті мұраға қалдыру туралы

Мен өзімнің барлық табыстарымды оқырмандарыма беремін.

Қара нәсілге деген құрметім

Қорқыныш – біздің сәтсіздіктер ізінен ұлы вилланы.

Өзіңізге ерік беру құқығын беріңіз.

Өзіңізді тіршілік ағымынан арылсын.

Жалғыздық та көптеген маңызды нәрселерді үйретеді.

Кез келген жағдайда бақытты болыңыз.
Махаббат - үлкен рухани оқыту.
Ар-ұжданның айқын болуы баға жетпес құндылық.
Басқаларға сену – үлкен қауіп.
Сеніміңізді ешқашан аяқтамаңыз
Сіздерде бар нәрсенің бәрі орын алады.
Әлем үшін қалағаныңызды өзіңіз жасаңыз.
Ешқашан екіншісіне зиян келтіруге тырыспаңыз.
Біз өміріміздің ұлы дауылдарын интеллектпен еңсере аламыз.
Махаббат бәрі лайықты деп санауға итермелейді.
Қайта орала алмайтын нәрселер бар
Біз әрқашан өзімізге ұнайтын нәрсемен жұмыс істей алмаймыз.
Зұлымдық өміріңізде болсын.
Әркіммен үйлесімді өмір сүруге тырысыңыз.
Надандық пен мақтаныш аз бол.
Сөйлемес бұрын ұзақ әрі қатты ойланыңыз.
Барлық сексуалды лықтың маңызы зор және оны құрметтеу керек.
Әр жетістікке қуанып, әр күн өмір сүрдім.
Үлкен сын-тегеуріндермен бетпе-бет келгенде, біз өз қабілетімізді көрсетеміз
Барлық сапарларды өз үйіңізден қуана қабылдаймын
Махаббат - күн сайын өсірлуге тиіс нәрсе.
Ертең жоқ сияқты өткенге ғибадат етпеңіз.
Әлемде махаббаттың көптеген түрлері бар.
Қаржылық мүддеден махаббат қарым-қатынасын іздемеңіз. Адамға деген сүйіспеншілік үшін қалып қойыңыз.
Мүлдем дұрыс этика жоқ.
Бізге мол әрі жақсы ер адамдар керек.
Баия штатындағы Абаира қаласының тарихы
Үлкен үйде сөйлесіңіз.
Сауданың жаңа иесі және ашылуы.
Әкесімен сөйлесіңіз.

Біздің денсаулық сақтау ханымы шіркеуінің құрылысы
Оқиғаның аяқталуы
Өміріңізде іргелі құндылық ретінде ақиқатқа ие болыңыз.
Уақыт неғұрлым көп өтіп кетсе, соғұрлым қиынырақ нәрселер түседі.
Жаман әсерлерден сақ болыңыз
Өмірімнің қараңғы түні
Құдай еркек пен әйелді некеге тұруға және көбейтуге құрды.
Сынға ұшырамас бұрын өз көзқарасыңызды сақтаңыз.
Алыс адамдарды сүю оңай.
Сізді түрмеге қамап отырғанның бәрінен құтылыңыз.
Біз басқалардың айырмашылығымен өмір сүруді үйренуіміз керек.
Пайымдауды қолданбайды, адамды білмейсің
Біз сүйетін адамдардан қалыс қалу қиын.
Сәтсіздіктерді неғұрлым көп ойласаңыз, соғұрлым оларды көбірек тартасыз.
Әрбір жаман оқиғамен жоғары көтеріл.
Біздің өміріміздегі әрбір жеңістің тарихы бар.
Әдебиетімнің шегі менің қиялым болсын.
Адал әрі тыныш серуенге шығыңыз.
Өз еңбегіңнен ұялмаңдар.
Мейірімділегіңізге ешқашан ренжімеңіз
Діңіңіз жоқ сияқты өмір сүріңіз.
Бір үйде өмір сүру күрделене түседі.
Бала тууды армандадым.
Көңіліміз толмай қалғанда, ол бізді өзгертуге ынталандырады.
Интерьер туралы әрқашан ойлаңыз
Неке қию кезіндегі жауапкершілік
Өмірі мен өліме
Анам туралы аздап
Ағам Аденилдо туралы кішкене ғана
Менің үлкен арманым бүкіл әлемді аралап шығу еді.

Басқалар дұрыс түсінбесе де бақытты болыңыз
Әрекеттеріңізді ешкім меңгермесін.
Өзімшілдік - кемістіктің ең жаманы.

Сендерге дүниенің жауапкершілігі жоқ.

Талап етілмейді, басқалардың жауапкершілігін бізбен бірге көтеру мүмкін емес. Еркін, жеңіл және сусымалы болып қалу үшін біз өз міндеттерімізді осы міндеттемеге ие адамдармен бөлісуіміз керек.

Мен өмір бойы отбасылық жауапкершіліктің өте үлкен салмағын өз мойнына алдым. Себебі бауырларым оқымады, мен колледжге түстім, қоғамдық жұмысқа орналастым, ал анам қайтыс болды. Бұл факторлар жиынтығы мені хаос әлеміне және үлкен міндеттерге алып келді.

Бауырларыма көмектескені үшін ризашылығымды білдіремін, олар маған бәрі. Бірақ, мен өзімді шатастырғанымды сезінемін, себебі мен өзімнің жеке өміріммен өмір сүріп, өз отбасымды құрмаймын. Мен өз үйімнің, күйеуімнің және балаларымның болуын армандадым. Бірақ, өкінішке орай, мен отбасыдағы жалғыз құтқару қайығымын.

Кейде өз үйімде еркіндігім болмағандықтан, біреумен қарым-қатынаста болғанымды сезінемін. Ешкімге не ұсынуым керек еді? Тек көңілге қонымды сәттер ғана ме? Қарым-қатынасты жай жыныстық қатынас пен саяхатқа негіздеуге бола ма? Бұл менің таңдауым мені әкелген және қашып құтыла алмайтын көптеген жеке мәселелер.

Өз кәсібіңізде көбірек тәуекелге барыңыз.

Не істеуді ұнатасыз? Сіз қай аумақта ең көп аффекттек иесіз? Сіз ақшаға немесе әл-ауқатқа не қамқорлық жасайсыз? Осы сұрақтардың жауабы сізге кәсіби салаға қатысты жолдама бере алады.

Мен мемлекеттік қызметкер және жазушымын. Маған екі сала да ұнайды. Бірақ менде жазуға көбірек аффект бар. Менің жазуым терапия болғандықтан, мен бұл қызметке өз энергиямды көбірек салдым. Мен үшін үлкен хобби болудан басқа жазу – үлкен көңілді. Жиырма үш жасымнан бастап жазумен ақыл-оймен айналысып келемін. Мен жазу арқылы депрессия сияқты күрделі проблемаларды еңсердім. Бүгінде бұл мен үшін жақсы табыс. Мен кәсіптің қызығушылығын жақсы еңбекақымен біріктірдім, бұл өте үлкен.

Өмір әрқашан да соған лайық.

Бізде азап шегу немесе еңсеру үшін кедергілер қаншалықты болса, өмір әдемі және жақсы өмір сүруге лайық. Мен туғаннан бері өмірді жақсы көрдім және өзім үшін әдемі оқиға жазуды көздедім. Мен сіздермен үлкен жеңімпаз екенімді бөлісемін. Мен әр кедергіні қорқынышсыз күрескен ұлы жауынгер едім.

Мен әрқашан өз қабілетіме сендім. Мен әрқашан өз тілегімнен кейін жүгіремін. Мен қалай жеңілу керектігін білдім және біраз арманнан бас тарттым. Бірақ мен жаңа жобалар жасап, өмірімді қайта жандандырдым. Мен ешқашан қайғы-қасіретке ұшырап, жойылуға түсіп қалған емеспін. Яһуди ер, бәрінен шығудың жолы бар деп есептеймін. Осылайша, мен бүгін осында бейбіт өмір сүріп жатырмын, өз шешімдеріме көз жеткіздім, бақыттымын және өмірдің жаңа дауылдарына дайынмын.

Торғайлар сияқты еркін бол.

Торғайлар сияқты еркін бол. Еркін болыңыздар, өйткені бұл сіздің ең үлкен жетістігіңіз. Көптеген адамдар түрмелерде тұрады, қашып құтыла алмайсың. Ал түрмеде тұрып, басқалардың көңілін қуанту соншалықты азапты. Ол, демек, дүрбелең туғызып, мағынасыз өмір сүреді.

Мен мәңгі еркін өмір сүруді армандадым, бірақ жағдай мені қашып құтыла алмайтындай етіп ұстады. Менің жалғыз бостандығым

– жазу, ол менің өмірімнің бәрін толығымен өзгертеді. Әдебиетім арқылы жақсы күндер туралы армандай аламын. Ал болашақ маған жақсы тағдырға үміт сыйлап отыр. Құдай бәрімізді қастерлейді.

Серуендеу ескі сиден, Калумби қаласы

Біз ескі ферма ауылында, Калумби муниципалитетінде тұрмыз. Бразилияның кез келген ауылы сияқты бір жақтан екінші жаққа, ауылдық аспектіге көшелер аз.

Сериал оқырмандарының бірі болып табылатын рухани Тони дің үйіне көшіп келдік.

Тони

Менің үйіме, қадірлі достарыма қош келдіңіздер. Мен сіздің жазушы ретіндегі еңбегіңіздің авиа оқушысымын. Мен сіздердің ескі шаруашылық болып табылатын осы керемет жерді білуге шақыруымды қабыл алғаныңызды жоғары бағалаймын.

Годлик

Біз сіздерге алғысымызды білдіреміз. Мен Бразилиямен таныс болуды іздеп жүрген үлкен жиһангезін. Кез келген мүмкіндік құпталады.

Тау рухы

Мен пернамбуко интерьеріндегі осы тарихи орынды жақсы көрдім. Оның кішкене кереметтігі мен даңқы болады. Осыдан құпияларды көбірек білуге дайынмын.

Беатрис

Мен өзімді сиқырлы және жақсы энергияны ауада сезінемін. Субъектілер маған алға жылжып, жаңалық ашуды айтады. Бәрі жақсы жүріп жатқан сияқты.

Анатолий

Біз жеңіске қарай жаңа қадам жасап жатырмыз. Бұл біздің тарихым ыздағы тағы бір тарау. Алға жылжайық, сосын.

Тони

Ол маған үлкен қуаныш әкеледі. Менің өршіл үйіме кірейік. Ол қарапайым, бірақ өте жайлы жер.

Квинтет үйге кіріп, тұрғын бөлмеге кіріп, кушеткаға қоныстанады. Аздап күш-жігер жұмсап, олардың барлығы сай келеді.

Тони

Мен сіздерге ұлы дана адам болған әжем Игнасия ұсынамын. Мен оған баршаңыз туралы айтып бердім.

Игнасия

Мен сіздердің үлкен командаларыңызды көріп отырмын. Сізбен кездескеніме қуаныштымын. Табыну, сенің жолың жарыққа толы. Мен сіздерде өнерге, интеллектуалдық салаға, оқу жолы мен даналыққа деген айқын үрдісті көріп отырмын. Тау рухы, оның ежелгі жолы табынушылықпен кездескен. Олар бірігіп проблемаларды шешіп, үлкен жетістіктерге қол жеткізе алады. Анатолий, сіз әрдайым таптырмассыз. Әрбір ұсынылған шытырман оқиғамен сіз барған сайын ерекшеленесіз. Беатрис, психикамен бұл серіктестік ұзаққа созылды. Олар орта мектептен бері дос болып келеді, олардың біреуі әрдайым екіншісіне өте қолдау көрсетеді. Сөйтіп, төртеуің де пайғамбар қатарын жалғастыруға қолайлы кейіпкерлер. Менің ойымша, нәтижелер үлкен болады.

Годлик

Сіздерде таңғажайып сыйлық, бал бар. Шынымен де, біз өте жақынбыз. Біз бастан өткергеннің бәрі аса маңызды әрі сындарлы. Мен сіздердің бақылап отырғандарыңызға қуаныштымын.

Игнасия

Бұл мен жасай алатын ең аз нәрсе, будда. Сізді мен дайындаған түскі асқа шақырады.

Анатолий

Көп рахмет. Бәріміз де дәмдеуіштеріңіздің дәмін татқанды жақсы көреміз.

Олар біраз уақыт сөйлесті. Көп ұзамай олар түскі асқа түсіп, ауылды аралап серуенге шықты. Бәрі де керемет болды және жаңалық уәде берді. Кеш түстен кейін келесі сын-тегеурінге қарай барады.

Кіші барабанға экскурсия, Калумби ауылы

Ауа райы бұлтты, сағатына жүз километр жылдамдықпен шектесетін магниттік желдер бар. Тіпті қатты ауа райының өзінде бізде зейіннің тұрақсыз қызметкерлері үшін ұсынылған жаңа шытырман оқиға бар.

Біз Кіші барабанда, Калумби ауылында тұрмыз. Ол бір жақтан екінші жағынан Бразилияның солтүстік-шығысындағы кез келген ауылға тараған үйлердің шағын шоғыры. Квартет ауыл көшелері бойынша көшеде тазалау жұмыстарын жүргізген ханымға жақындағанша алға жылжиды.

Тау рухы

Біз Пернамбуко интерьерінен қуатты сиқыршы, ұлы барабанды іздеп жатырмыз. Бізді бағыттай аласыз ба, ханым?

Клеиде

Мен фигураны енгізуді білемін. Ол осы жерден екі блокта тұрады. Екі рет қана екі рет оңға қарай жылжып, үшінші үйге көшеді. Қателік жоқ.

Тау рухы

Үлкен рахмет, Дарлинг. Біз хабарды аламыз. Тек тыныштықта болыңыздар.

Топ сол әйелдің ұсыныстарын ұстанады. Шамамен он бес минуттың ішінде олар келтірілген үйдің есігін қағып жатыр. Сені көруге ұзын, Қара, бұлшық ет адамы келеді.

Үлкен барабан

Нені қалайсыз, бейтаныс па?

Годлик

Менің атым Құдайға табыну, мен пайғамбар тобының өкілімін. Мен осы жердің ұлы садақасын іздеуге келемін.

Үлкен барабан

Сен өзіңмен сөйлесіп жатырсың. Ендеше, бұл сериал тобы, әлемдегі ең маңызды әдеби сериал ма?

Беатрис

Ақиқат. Біз – психика сериалының талантты әртістеріміз. Тағдыр бізді осында әкелді. Сіз бұған не айтасыз?

Үлкен барабан

Менің өршіл үйіме кіруіңізді сұраймын. Сізбен сөйлескен жақсы уақыт болады.

Анатолий

Маған сіздің көзқарасыңыз ұнайды. Сіз маған байсалды адам сияқты көрінеді.

Үлкен барабан

Үлкен рахмет, жас жігіт. Ішке кірейік.

Барлығы қабылдаушының сұрауына бағынды. Сол кісі қандай құпияны сақтады?

Данамен түскі ас

Түскі ас беріледі. Олар тамақ ішкен кезде мазасызданып сөйлеседі.

Үлкен барабан

Мен сіздердің еңбектеріңіз үшін үлкен жанатпын. Бұл жолда әдебиетте соншалықты ерекше, біз өз ауылымызды жібере алмадық. Ал бүгін біз осындамыз, күннің екінші жартысында тынышсыздықтас айырылдық.

Тау рухы

Біз туралы не көресіз?

Үлкен барабан

Мен үлкен командалық жұмысты көріп отырмын. Қарсы күштердің шытырман оқиғасы дуализм тепе-теңдігінің жасампаздық үшін аса маңызды екенін көрсетті. Жанның қараңғы түнінде өзіміздің қараңғы жағымызды бақылап, түсінуді үйренеміз. Менде кім болса да, өзіміз болуды үйренеміз. Құдай кодында біз Құдайдың шынайы атрибуттарын ашамыз. Осылай шытырман оқиғалар орын алды.

Годлик

- Менің жеке жолым туралы не істеймін?

Үлкен барабан

Мен кәсіпке деген сүйіспеншілік пен сүйіспеншілікті көремін. Сендерге бір махаббат болады. Сол махаббатты ұзақ уақыт өткеннен кейін адамның көмегімен табасыз. Бұл көлеңке мен қуғын-сүргін кезеңнен кейін болады.

Годлик

Бұл қалай болады?

Үлкен барабан

Мен оны әлі дәл көріп тұрған жоқпын. Бірақ бірнеше мүмкіндік бар. Бұл бойжеткенмен бірінші күн оның сапарларының бірінде болуы мүмкін, ол мейрамханада, жағажайда немесе тіпті супермаркетте дата болуы мүмкін. Махаббат жүрегіңде гүлдеп, ол сендерге көп бақыт сыйлайтынына ғана сенімдімін.

Беатрис

Жақсы нәрселер, будда? Мен сіздерге өте қуаныштымын.

Анатолий

Сіздер бұған және т.б. лайықсыздар.

Годлик

Бұл менің интуицияларымды растайды. Бірақ оған біраз уақыт кетеді деп сенемін, себебі мен әлі күнге дейін қараңғы ілмекте тұрмын.

Тау рухы

Ұлы Құдай өз тарихын дұрыс уақытта өзгерте алады деп есептейміз. Әзірге өзіңіздің жеке жобаларыңызбен жұмыс істеңіздер.

Годлик

Ақиқат. Мен еш уақытта босқа кетпеймін. Мен өмірді барынша жақсы көремін.

Әркім қуанып, күйеуге шығып жатыр. Тағам өте жақсы болды және олар өзара әрекеттесуді жалғастыруға уақыт алады.

Тәжірибелерімен, тілектерімен бөлісу керемет болды. Топқа сәттілік тілеймін.

Сөздерді бақылаңыз.

Сөздердің күші мен қуаты бар. Сөздер көңілді, бірақ олар да зақым келтіреді. Сондықтан не істеп жатқаныңызға ұқыпты болыңыз және айтыңыз, өйткені ол екіншісінің өмірі үшін ауыр зардаптарға әкеп соғуы мүмкін.

Мені дөрекі көзқарастар мен басқалардың дұрыс орналастырмаған сөздері жиі зақымдады. Бұл менің ойымша орны толмас жарақат туғызды. Егер адамдарда оның билігі туралы түсінік болса, олар соғыстар ашып немесе бейбітшілікті сақтап қалуы мүмкін еді.

Досыңызға әке сияқты қамқорлық жасаңыздар. Оның дамуына көмектесіңіздер және оны жоймаңыздар. Басқалардан өзгеше болып, айырмашылық жасаңыз. Жақсылықтың ұсынушысы болғаныңызға өкінбейсіз.

Кейде тыныштық ең жақсы жауап болып табылады.

Бәріне де сәт бар. Жұмыс істеу сәттері және бос уақытты өткізу үшін басқа да сәттер бар. Саяхаттау сәттері және шағылыстырудың басқа да сәттері бар. Сөйлесетін сәттер және тыныш ұстау үшін басқа да сәттер бар. Кейде тыныштық – бізге керекті нәрсеге және қолайсыздыққа деген ең жақсы жауап.

Зорлық-зомбылықпен күресудің еш мәні жоқ. Оған лайық еместер үшін бейбітшілікке қауіп төндірген жөн емес. Армандарыңыздан басқалардың шыдамдылығымен жай ғана бас тартудың қажеті жоқ. Әрқашан өз шешімдеріңізде еркін және автономды болыңыз. Біз өз тарихымызды дәл осы қателіктермен және табыстармен құрып жатырмыз. Яһуди ер, бізді ешкім бағаламайды. Тарихымызды өмір сүріп жатқандар ғана өзіміз, біз қорлық, кешірімділік және махаббат сандалымен қиындықтарды қоямыз. Тек бақытты болыңыздар.

Сыртқы келбеті бұл дүниеде өте маңызды

Біз күн сайын сұлулық мәдениетін өмір сүріп жатырмыз. Біз сұлулықтың мәдени іс-шараларға, мектеп ортасына, жұмысына, үйде және басқа да кез келген жерде үлкен әсер ететінін көреміз.

Мен ешқашан сымбатты адам болған емеспін немесе үлкен асуларым бар. Бәлкім, бұл менің серіктес таба алмауымның басты себебі болған шығар. Бірақ, бәлкім, менің отбасылық жағдайым да жолға шыққан шығар. Оның тыныштық пен келісім есебінен мүйізтұмсық ағашына ешкім кірмейтін еді. Сол және басқа да себептерге байланысты менде ешқашан махаббат болған емес. Қазірге дейін қырық жасқа жақындап келемін және біз 2023 жылымыз.

Жалпы оқу мен өнерді ынталандырайық.

Біз сандық дәуірдейміз. Интернетке, ойындарға, порнографияға, виртуалды жұмыстарға, киноға басқа да іс-шаралардың арасында көптеген адамдар қосылған. Бірақ біз оқудың қарапайым нәрсеге айналып бара жатқанын көріп отырмыз. Сондықтан біз әдемі оқуды бағалай алмауға тиіспіз. Жақсы кітаптар бізге үлкен психикалық, рухани пайда әкеледі және біз олар арқылы жаңа әлемді ашамыз. Сондықтан оқуды оқып, көтермелейді.

Фестивальдері жіктелу

Мен баспалардан, әдеби агенттерден, кино продюсерлерден екі жүзден астам бас тартуларға ұшырадым. Мен үмітсіз аяғына жеттім. Мен өзім арманымды орындап шығуды ұйғардым. Мен өзімнің қаңылтыр үй бейнелерімді жасаймын. Бүгін Тунис фестивалінен электрондық хат келіп түсті. Бес таңдалған жұмыс. Байқау: әлемнің

119 елінен 3150 фильм. Мен үздіктер қатарындамын. фестивальден іріктеліп алынды. Бұл жеңістің осындай жақсы сезімі. Өткен аптада голливудтық фестиваль директорынан мені оның фестиваліне қатысуға шақыратын электрондық хат келіп түсті. Мен бір жерге келдім деп ойлаймын. Алға жылжайық! Сондай-ақ, менде көптеген кітаптар жарық көрді. Мен өте батыл екенімнің белгісі. Сондықтан басқалар сенбесе де, армандарыңыздан бас тартпаңыздар деп айта аламын.

Менің отбасымның жағдайы күрделене түседі. Менің махаббатты табудағы жалғыз мүмкіндігім құпиялылықта және жеке үйлерде болар еді. Күрделі емес пе?

Анам 2020 жылдың қыркүйегінде дүниеден өтті. Осыдан кейін мен өз үйімнің шығындары үшін жауапты болдым, барлығы төрт адамды қолдадым. Мен бұл күрделі жағдай екенін білемін, бірақ бұл баршаға бірден-бір мүмкін болатын жол. Мен өзімді отбасыма көмектескеніме қуаныштымын. Оның орнына менде олардың компаниясы бар. Алайда менде ешқандай салмақты қарым-қатынас бола алмайды. Себебі менде олар алдында осы қаржылық міндеттеме бар, мен өзімді басқа біреуге адал сезінбеймін. Ең болмағанда дәл қазір емес. Бәлкім, болашақта мүмкіндіктерім болатын шығар. Иә, махаббатқа бақытты болу үшін соңына дейін күресемін.

Менің сыншыларыма жауап

Мен мәңгі оқырман болдым. Бес жасқа дейін ол мектепте хаттар жазып, декретке ұшырата алатын еді. Менің кітаптарым болмады. Менің алғашқы арманым өзімнің кітабымның болуы еді. Бірақ менде ол жоқ еді, себебі ақшам болмады. Шешім себетке шығып, тозған көшірмелерді таңдау болды. Мен дидактиканы, тіпті классиканы да ала алдым. Мен барлық кітапты қайта өңдедім. Көп оқығаннан кейін арманым жазуға айналды. Бірақ қалай жариялауға болады? Менде машинаның да, дәптердің де түрі болған жоқ. Мектеп маған берген парақтардың жобасына жаздым. Ол бірге болып, оны бірге қояр еді. Бұл менің кітабым еді. Менің алғашқы еңбегім өсиет зерттеулермен жазылды. Сыныптастарым мені қызықтырды. Олар, сендердің еңбегің жоқ. Бұл сіздің авторлығыңыз емес. Мен оны құрғақ жұттым. Қазір менде көптеген шығармалар жарық көрді. Бұл сыншылар үшін жақсы жауап болды деп ойлаймын. Кітап дүкендеріндегі алғашқы романымды 13 жылдан кейін шығарамын және не болып жатқанын білмеймін. Менің білуімше, мен ешқашан бас тартпаймын, мен сізден де солай істеуіңізді сұрап отырмын. Біздің траекториям ыздағы әрбір қадам – жеңіс.

Менің өмірдегі тамаша жолым

Менің атым Алдиван Торрес, мен Бразилияның солтүстік-шығысынан келген асыл мистикпін. Шаруа дүниеге келдім, ерте жасымнан өмір қиындықтарымен бетпе-бет келуге тура келді. Біз сексенінші және тоқсаныншы жылдары ең төменгі жалақымен өмір сүретін жеті адамда болдық. Біз қиын өмір сүрдік, бірақ аштыққа ұшырамады.

Құдайға шүкір, қоғамдық жоба арқылы әдебиетпен танысып, танысып шығуға мүмкіндігім болды. Олар қиын жылдар болды, бірақ мен өмірді үлкен үмітпен және болашаққа деген көптеген перспективалармен басқардым. Мен өмір сүрдім, жасөспірім кезімде жанның қараңғы түні. Жанның қараңғы түні - құдайдан алшақтап, күнәдан өмір сүретін кезең. Бұл кезеңде мені жақсылық пен жамандықты білуге итермелейтін шөлде ұлы күштерді бастан өткердім. Бұл кезең мен үшін әлемдегі рөлімді түсіну үшін шешуші мәнге ие болды.

Мен өстім, колледжге түстім, жақсы қоғамдық тендерден өтіп, әдебиетке қайта оралдым. Жұмыстан кейін арманыммен жүруге батыл сезіндім, себебі қазір менің мүмкіндігім аз болды. Бірақ ештеңе қарапайым болып көрінбеді. Мен жұмыс істеген үш жұмыс орнында қарым-қатынас проблемалары болды және әдебиет менің құтқаруым болды, себебі бұл менің жеке терапиям еді.

Жаңа жұмыста жеті жыл жұмыста болғаннан кейін қашықтағы жұмыста қалдым. Бұл маған өзімді әдебиетіме арнауға көбірек ерлік пен уақыт берді. Қазір мен үш жыл бойы қашықтықтан жұмыс істеп келемін және өте қуаныштымын. Дәл қашан бетпе-бет жұмысқа қайта оралатынымды білмеймін. Бірақ үйде жүргенде әр сәтімді жақсы көремін.

Бұл 2023 жыл. Менде осы уақытқа дейін жарық көрген отыз жеті кітабым бар. Бұл қазірдің өзінде әдеби мансаптың он алты жылы. Мен эмоциялық мәселелерді шешетін өзіне-өзі көмекке маманданған автор болдым. Мен бұл миссияға өте қуаныштымын және кәсіпорынның биіктігіне сәйкес келемін деп үміттенемін. Мен тағдыр мені оқиғалардың ағымдары арқылы алып келуге мүмкіндік беремін. Бәрі мені бәрі жақсы болады деп сенуге жетелейді.

Адал достарды тану оңай.

Кішкентай кезімде жұмыстағы достыққа қатты қателестім. Мен лайықты емес адамдарға сендім. Бір жағдай бойынша менде әріптесіммен проблема туындады. Мен іс бойынша дұрыс айттым. Бірақ басқалары мені қолдаудың орнына құқық бұзушыны жақтады.

Бұл іс-шара мен үшін үлкен аяушылық тудырды. Олар жай ғана жақсылық жасамайтындармен жақтасты. Осылайша, мен оларды менің достарым емес деп есептедім. Осылайша, мен олардың көпшілігін әлеуметтік желілерден жойдым. Нағыз дос – бізді үнемі қолдайтын адам. Нағыз дос сізді жақсы және жаман уақытта қолдайды. Жер бетінде нағыз досыммен ешқашан кездескен емеспін. Менің ұлы досым - құдай, ол мені ешқашан тастап кетпеген.

Әрқашан өзіңіздің жақсылықпыңызды беріңіз

Уақыт тым жылдам өтеді. Онымен бізді тұншықтыратын, бізді ескертетін, бізді адастыратын, бізді бағыттайтын және бағыттайтын болжауға келмейтін нәрселер келеді. Осы нәрселердің әрқайсысымен кейде бізді осьтен алып кететін талаптар келеді. Нақты мәселе – жағдайды салқындатып талдау, басын көтеру, алға жылжу, барлық адамдарға бар күшін салып беру. Кек алудың жаман үлгілерін ұстанайық. Біз өзімізге зиян келтіргендерді кешіре аламыз. Біз дами береміз, жаман өткенді ұмытып, жақсы әрі жақсы бола аламыз. Әр жаңа күн баршаға жаңа үміт.

Күрес уақыты болады, бірақ жеңіске деген үміт әрқашан да болады

Біздің өміріміз – сын-тегеуріндер мен күрестердің бірізділігі. Біз өмір бізді алда қоятын әрбір қиындықпен бетпе-бет келуге дайын болуымыз керек. Құлдырау, сәтсіздіктер, көңілсіздіктер болады, бірақ жақсы күндерге үміт артады. Сеніңіз, интуицияңызды орындаңыз және келесі қадамдарды жасаңыз.

Мен әрқашан өз өмірімде туындап отырған әрбір проблеманы қарап жүрдім. Мен өзімнің бетімде күлкімен шағын және үлкен проблемалармен бетпе-бет келдім. Менің өмірімде әр ерекше мәселенің шешімі әрқашан да болды. Бүгін мен өзімді өмірдің әр нұсқасында жеңімпаз деп сезінемін. Сүйікті күнін таппағаным рас, бірақ өзіме деген құрметімді үйрендім. Мен өзімнің әр қадамымның протагонист болдым. Қателессем де, өмір қателіктерден, соққылардан, жеңістер мен құлдыраудан құралғандықтан қамқорлық жасамадым. Мұның бәрі әрқайсымыз үшін Құдай жазған ұлы оқиғаның бір бөлігі.

Мұқият болу тағдырдың оларға беретін белгілерін тану үшін аса маңызды. Біз өзімізді тағдыр арқылы бағыттауға тиіспіз. Ол бізді өміріміздің әрбір нақты немесе жалпыға ортақ мәселесінің дұрыс нүктесіне жеткізеді. Құдайдың біз үшін қалағаны, оның ішкі ерік-еркі мен мәні осы. Сондықтан өзіңізді сол үлкен күшке дейін беріңіздер және ешқашан ештеңе жоқ.

Ақауларыңызды жойып, қасиеттеріңізді бағалаңыз.

Күн сайын жақсы адам баласы болуға тырысыңыз. Қателіктеріңізді түзетіңіздер, ізгі істеріңізді жандандырыңыздар, игі себептермен жұмыс істеңіздер, құдай сені қастерлейді. Жақсы адам бола тұра, қайтып оралу заңы арқылы жақсылық жемісін қайтарасыз.

Қайтарым заңы шынымен де бар. Ол жақсыны марапаттайды, бірақ жаманды жазалайды. Бұл дүниені ешкім де алдымен қарыздарын төлемей тастап кетпейді. Тағы бір нағыз заң - тарту заңы: Бір-біріңізге не қаласаңыз да, екі рет қайта ораласыз. Бірақ жамандықты қаласаң, үш рет жазаға тартылады.

Сіз тәуекелсіз өмір сүрмейсіз.

Біз нақты не болып жатқанын ешқашан білмейміз. Осының кесірінен біз талпыныс әдісінде соқыр өмір сүріп жатырмыз. Сіздердің көптеген жобаларыңыз жұмыс істемейді және біраз уақыт жұмыс істеп, кейін сәтсіздікке ұшырайтын басқалары да бар. Бірақ бір нәрсеге сенімдімін: Егер тырыспасаңыз, онда ешқандай нәтиже болмайды. Иә, шындыққа жанаспайтындықтан, сіздің Сәтсіздіктеріңізді Құдайдың ерік-еркіне жатқызудың қолданысы жоқ. Бұл сіздің сәтсіз әрекеттеріңіз, сіздің жаман жоспарлауыңыз осының салдарынан болды. Бұл еш уақытта Құдайдың ерік-еркі емес еді. Құдай сіздің жобаңызды барлық нұсқаларда қолдайды. Бірақ нашар орындау ірі сәтсіздіктерге әкеледі.

Бүгінгі жеңілістер бізді ертеңгі жеңістерге дайындап жатыр.

Біздің өміріміздегі әрбір жағдай біздің жеке пісіп-жетілуіміз үшін маңызды. Әсіресе сәтсіздіктер бізді анағұрлым өршіл, тиімдірек болуға, аналитикалық және сендіруші хабардар болуға, науқас, табанды, толеранттық болуға үйретеді. Біз бүгін өмір сүріп жатқанның бәрі ертеңгі күннің болашағын қалыптастырады.

Мен осы қырық жылдай өмір сүрдім. Осы тәжірибенің барлығы маған өмірдің үлкен даналығы мені эмоциялық бекіністер құруға мүмкіндік берді. Өмірдің түрлі салаларындағы осы эмоциялық бекіністердің әрқайсысы менің әр жолбасымда барған сайын тиімді болуым керектігін айтады. Мен дұрыс жолдамын және күн сайын айтарлықтай жетістіктерге қол жеткізгенімді көріп отырмын. Иә, көптеген көңілдің ортасында өсіп-өнуге болады.

Мен жасаған таңдауларыма өкінбеймін. Егер тағы да таңдауға тура келсе, мен де солай істеймін. Мен ешбір азапты немесе жеңісті өшірмес едім, сол үшін өмірдің бір бөлігі. Осы жағдайлардың әрқайсысымен мен өзімді бағалауды үйрендім және менің ойымша дұрыс мақсаттарға қол жеткізуді үйрендім. Бәрі құдайдың жеңілдігімен жақсы жүріп жатыр.

Үлкен көңіл-толмайтынына қарамастан, өмірге лайықты деп есептеймін.

Мен өте сәтсіз адам едім, әсіресе махаббатта. Менің ойымша, бұл жаман сәттілік емес, мәселе мынада, мен сүйікті әлемде қолайлы стандарттар шегінде емеспін. Мен тартымды болмағандықтан, барлық халық мені ықтимал сүйікті жұп ретінде жұмыстан шығарды, және ол мені ұзақ уақыт бойы қайғырды.

Алайда, бүгінгі тәжірибеммен өзімді ерекше жақсы сезінемін. Мен бақытты жалғызын, жақсы қоныстандым, еңбекқормын. Маған бақытты болуға ештеңе кедергі келтірмейді, себебі менде бақыт сезімі бар. Бақытты болғымыз келгенде бізді ештеңе тоқтата алмайды. Мен өзімнің жалғыздықтан қарсы тұрудың үлкен себебін таптым. Мен өз миссиямды бейнелеймін және дұрыс жолда жүргенімді көріп отырмын.

Мен басынан өткерген барлық көңіл-күйлер мені жақсы түсіну үшін негіз қалаушы болды. Мен өзімнің күш-жігерімді, арманымды, қалауымды, мақсаттарымды, Құдаймен қарым-қатынасымды таңдандырып үйрендім. Мен осыншама қиындықтарға қарамастан, менде ештеңе жоқ екенін түсіндім. Егер менде бәрі болса, бір-біріне әділетсіз болар еді. Маған мүлдем бәрінің болуының қажеті жоқ. Шын мәнісінде, маған іс жүзінде ештеңе керек емес.

Ештеңе мәңгі емес.

Махаббат сиқыры - романс мәңгі болады деп сену. Мүлдем ештеңе мәңгі емес, тіпті біздің өміріміз де емес. Бәрі де басталып, ортадан және аяғынан басталып кетті. Сонымен, махаббаттың әр сәтін соңғысы болғандай өмір сүреді. Махаббат ұзаққа созылғаншы, көңіл көтеру, саяхат, бақытты мерекелер, әңгімелер сәттерін тамашалаңыздар, ақырында, өмір сүру керек сияқты өмір сүріңіздер. Дұрыс уақытта осының бәрі бітеді де, басқа жерден бастауға тырысасыз.

Басқа адамдардың сезімдерімен ойнамаңыз. Қарым-қатынаста адал әрі шынайы бол. Неге өтірікші? Бір-біріне зақым келтірудің қажеті жоқ. Бір-бірімізге адал болған кезде, роман біткеннен кейін де онымен достық қарым-қатынас орната аламыз. Ол тек сіз өмір сүрген жақсы уақыттар ғана жадында болады.

Біз әлемді жақсартудан ешқашан бас тартпауға тиіспіз

Біз күрделі әлемде өмір сүріп жатырмыз. Бізде үнемі болып жатқан зұлымдықтары бар әлем бар. Дегенмен, ол сізді дамып, сіз бен әлем үшін ең жақсысын іздеуден тоқтатпасын. Егер әркім жағымды ойласа, біз өмір сүру үшін анағұрлым жағымды ғаламшар құра аламыз.

Бірлік шынымен де күш-қуат береді. Егер біз жақсылық үшін бірге келсек, онда жағдай шынымен де жақсы ағып кетуі мүмкін. Бас тартқыңыз келетін, бірақ мұны ешқашан жасамайтын жағдайлар болады. Өз әлеуетіңізге сеніңіз және миссияңызды жалғастырыңыз. Келешекте оның жақсылығының жемісін қайтарасыз. Қайтарым заңы әрдайым тиімді.

Қажет болған жағдайда акт

Біздің өміріміздің ең жаман сәттерінде бізге қолдау мен нұсқау қажет. Бізді қуантып, кеңес беру, құдіретті ету үшін нағыз достар немесе серіктер керек. Бұл көмек бізді жақсы кезеңге сенуге итермелейді.

Мен бұған көп сәттілік тілеймін. Осы уақытқа дейін мен тек отбасымның қолдауына ие бола алдым. Басқа бейтаныс адамдар менен алыс және олар маған аз қамқорлық жасайды. Бірақ уақыттың көп бөлігі осылай. Әлем соншалықты жылдам айналады, ол бізге әздер қамқорлық жасайды. Біз өзіміз бастан өткерген осы ішкі жалғыздықты түсініп, қабылдауымыз керек.

Бақылау арқылы әлемді қалай түсіну керектігін білу керек.

Әлем алып және біздің бақылауымызды үнемі күтіп отырады: өзендер, жағажайлар, фермалар, қалалар, кенттер, ауылдар, таулар басқа табиғат құбылыстарының арасында. Біз әлемді түсінгенде, өзіміздің ұзаққа созылатындарымыз бен алаңдаушылығымызды жақсы түсіне аламыз.

Біз бейбітшілікке құдайға құлшылық еткенде бізді үнемі толып, су басқан жақсы жігерді сезінеміз. Сондықтан ешкімге қайшы келмейді. Басқалармен бейбітшілік орнату және олардың дамуына көмектесу үшін дыбыстық диалогты пайдаланыңыз.

Кедей, әлсіз немесе мұқтаж жанды бағаламаңыз

Әрқашан мұқтаж жандарға көмектесіңіздер. Құдай ұнайтындықтан, қолыңыздан келгеннің бәріне көмектесіңіздер. Бірақ басқаларға өзіңіздің ізгі ісіңізді немесе көмектен артық сезінуіңізді айтпаңыз. Сіз біздің болашағымыздың не екенін ешқашан білмейсіз және егер сізге қандай да бір көмек қажет болса.

Көмектескеніңізге қуаныштымын, бірақ әрдайым құпияңызды сақтаңыздар. Қаржылық жағдайы жақсы болу арқылы ешкімді қорламаңыз. Қорланғандар күлікқа ұшырайды, - дейді Өсиет. Кедейлерге қандай да бір әділетсіздік жасасаңыз, қайтып оралу заңы сізге қарсы қайталанбайтын болады.

Жаңа жағдайларға, жақсартуларға ашық болу және келесіні түсіну

Мен еркін ақыл-ой адамын жаңа жағдайларға ашық, толеранттық, түсіністікпен, кешірім сұраймын деп түсінемін. Егер эволюцияның сол дәрежесіне қол жеткізсеңіз, бақытты болуға және серіктеріңізді бақытты етуге дайын боласыз.

Өкінішке орай, менің отбасымның мүшелері жабық ойға ие. Олар ескіше адамдар, олар қысым мен ескі заттарға жабысады. Әлем талай рет бет бұрды және олар бұрынғыдай пікірді жалғастырып келеді. Оларды өзгерткісі келетіндердің еш мәні жоқ. Мен оларға қарағанда мәдениетке, жаңа саяси, мәдени, философиялық көріністерге қол жеткізген адаммын. Мен әлемде көптеген және еркін пікір білдіруге құқығы бар екенін түсінемін. Сондықтан мен сияқты бол, діни фанатик емес немесе әлдеқайда аз зиян келтіретін адам. Әлемде бар сан алуандылықты өмір сүру.

Өмір сүріп жатқанша адамдарға жақсылық жасаймын.

Жер бетінде қанша уақыт өмір сүретінімді дәл білмеймін. Бірақ менің өмірім болғанша, мен осы күнге дейін сол жақсы адам болып қалуға ниеттімін. Енді біз өмір сүріп жатқандықтан, өміріңізді бұзып, алауыздық, күнә жасау немесе басқаларға зиян келтіру үшін пайдаланудың қажеті жоқ.

Бізде бар жалғыз сенімділік – өлім. Өлім белгілі болғандықтан, неге қазіргі сәтті жақсылық жасау үшін пайдаланбау керек? Әсіресе, басқаларға көптеген мүмкіндіктері бар неғұрлым әділ, адал, элитарлық, тең емес ғаламшарға үлес қосқаны жақсы. Біз басқалар үшін жасаған кішкентайымыз бір-біріміздің өмірінде айтарлықтай айырмашылық жасайды.

Ішімізді естімей тұрып, наразы болып қала береміз.

Медитация мен шағылысу, біз өз интерьерімізбен теріп, олардың нақты қажеттіліктерін түсінеміз. Эмоциялық тепе-теңдік орнағанда және біз бір-бірімізді терең білетін болсақ, өмір сүру сапасының орасан зор серпілісін жасаймыз.

Менде әрқашан өте күшті интуиция болды және ол мені өз шешімдерімде басшылыққа алады. Бүгін мен өзгертілген адаммын, өйткені мен өзімнің қалағанымды және өмірде болуым керек шайқастарды дәл білемін. Осылайша, өз өміріңіздегі жеңістің нақты мүмкіндігіне ішкі талдау жасап, алға жылжу.

Жобаларыңызды қарап шығыңыз.

Егер жоспарларыңыз орындалмаса, жобаларыңызды қарап шығатын кез келді. Бұл шын мәнінде жүзеге асырылатынына көз жеткізіңіз, себебі олай болмаса, жоспарларыңызды жақсырақ өзгертіңіз. Иә, сіз үшін жақсы болмайтын нәрсені ұзақ жылдар бойы талап етудің мәні жоқ.

Ішкі талдау жасаңыз, ең жақсы жолды ұстаныңыз және бақытты болыңыз. Иә, біздің алдымызда ең жақсы мүмкіндіктер болуы мүмкін, және біз көріп отырған жоқпыз, себебі біз сәтсіз жобаларды талап етеміз. Содан кейін интуицияны санаңыз.

Айыптау алдында өз әрекеттеріңізді көрсетіңіз.

Біздің бәріміз өз іс-әрекетімізде кемшілікке ұшырап отырмыз. Алайда көбі керемет өмір сүретіндіктен басқа адамдардың өмірін сынға алады. Көптеген адамдар өздерін жоғары және себеп иелері деп ойлайды, олар ешқашан сәтсіздікке ұшырамайды деген сиқырмен өмір сүреді. Дегенмен, шындыққа қосылу керек.

Азырақ сынға алып, көбірек дамуға тырысыңыз. Өз өміріңізге қамқорлық жасап, екіншісіне аз қамқорлық жасауға тырысыңыз. Бір-біріңіздің бақытын көріп, одан да көп бақыт тілеймін. Бауырларымыздың армандарын орындап жатқанын көру соншалықты керемет. Сөйтіп, сынға ұшырап, басқалардың өмірінде қолдау нүктесі болсын.

Қате жібергенде оны алыңыз.

Көптеген адамдар қателескен кезде бәрі жақсы деп ойлайды немесе проблемалардың себебі деп қабылдаудан бас тартады. Иә, бұл уақытта өте сабырлы. Егер қа телессеңіз, бұл мүлдем қалыпты жағдай. Ол бірінші немесе соңғы рет жіберіп алмайды.

Қателескенде қатені алып, түзетуге тырысамын. Қатені жоққа шығару сізге ешқандай пайда әкелмейді. Керісінше, ол сізді жалған түрмеге бұғаттап, ешқашан емдемейсіз. Қатені мойындап, бастаңыз және келесі бірнеше рет қате жібермеуге тырысуыңыз керек. Мұны тым көп талапсыз табиғи түрде жасаңыздар.

Әркіммен түсіністікті бол.

Біз әр ортада адамдармен қалай күресу керектігін білуіңіз керек. Біз баратын барлық жерде жақсы да, жаман да адамдар болады. Сондықтан, негізінен, олардың барлығына деген толеранттық ырығыңызды жүзеге асыруыңыз керек.

Бұл адамдардың ішінде достарына ұқсас адамдар, әріптестеріне ұқсас адамдар, аффекттегі бар адамдар, ұнамайтын адамдар немесе сені жек көретін адамдар болады. Бұл топтардың әрқайсысы сізді әр түрлі реакциялармен арандатады. Шынында да, біздің күнделікті өмірімізде осындай антагонистік топтармен өмір сүру міндеті тұр.

Басқа адамдармен бірге өмір сүруде көптеген қиындықтар болды, себебі мен GLBT тобында болдым. Мен қатысқан әрбір тұрғын үй алаңында өзімнің қатысуыма қарсылығымды сезіндім. Сондай-ақ, мен барлық жерден келетін қысымды сезіндім. Қоғамдағы қуғынға ұшыраған азшылықтың бір бөлігі болғаны қаншалықты қайғылы. Шын мәнісінде, біздің отбасы үйірлесімізден тыс сенетін ешкім жоқ. Бірақ Құдайға шүкір, мен жақсымын. Мен өзімнің құрметімді дамыттым және өзіммен бірге бақытым бар.

Әрқашан өз тыныштықты сақтаңыз

Әрқашан сабырлы болыңыздар. Қандай да бір себептермен ашуыза, өшпенділік немесе махаббатты шиеленістіріп сезінгенде, қандай да бір іс-әрекет жасамас бұрын үш рет дем алады. Біз эмоционалды түрде бақыланбай тындықтан, экстремальды көзқарастарды жиі қабылдаймыз. Біз өз көзқарастарымызға жиі өкініш білдіреміз, бірақ шығын қазірдің өзінде жасалып жатыр.

Мен өзімнің эмоцияларыммен аса бақыланатын адаммын. Бірақ мен кейде басқа адамдардың арандатушылығы салдарынан бақылаудан шыққанымды мойындаймын. Эмоциялық бақылау қаншалықты болса, белгілі бір жағдайларда бақылаудан шығуы әбден мүмкін.

Мақтан тұтатын адамдар ешқашан толыққанды табысқа жете алмайды.

Мақтаныш - адам сезіне алатын ең жаман сезім. Мақтан тұтатындар өздерін әрдайым басқалардан артық сезінеді және өршілдерді құрметтемейді. Бірақ неге солай сезінеді? адам — белгіленген сақтау мерзімі бар құрт қана. Сізге тиесілі барлық ақша, сұлулық, даңқ, ол артта қалды. Біздің нағыз тағдырымыз – өлім. Өлгеннен кейін бұл дүниеден ештеңе қалмайды.

Егер әркімнің өлім ар-ұждаңы болса, біз жақсырақ жасап, аз қателіктер жіберер едік. Біз қайырымдылық, саяхат көбірек болар едік, ертең не істей алатынымызды ертең қалдырмас едік. Өлім сөзсіз, бірақ көп кешікпей оны түсінбейтін сияқты.

Адал досыңызды қалай тану керектігін біліңіз.

Жалған достарды бақылаңыз. Сізді шын мәнінде кім ұнататын көзқарастар арқылы қалай тану керектігін біліңіз. Мінезді білмейтіндерге ешқашан сенім артпаңыз. Біз мұны жасағанда өзімізді төмен генерациялау ықтималдығымыз жоғары.

Өмірде біздің алдымызда тұрған барлық көңіл-толғаулар үлкен сабақ қызметін атқарады. Біздің нағыз махаббатымыз Құдай мен ата-аналарымыздан. Оның ішінде екінші жағынан нағыз сезімнің болуы өте қиын.

Бір-бірімізді ұстайтын тұқым жоқ, біз ешқашан бірдей өзара түсіністік танытпаймыз. Сондықтан жалған үміттерге өте ұқыпты болыңыз. Оның орнына ештеңе күтпей-ақ көмектескен дұрыс.

Жақсылық жолын жүріп өту – ең жақсы таңдау.

Біз отырғызғанымызды дәл қайта жаңғырттық. Осылайша, егер біз жақсылық үшін жұмыс істесек, өмірімізде жасап жатқанның бәрін қастерлейміз. Бірақ әдейі жамандық жасасақ, бізде жақсы тағдыр болмайды.

Зұлымдықтың тағдыры жақсы деп санау иллюзия ға ұшырайды. Өз ар-ұжданымыз бізді бірінші болып айыптайды. Егер зұлымдық жасасаң, бір минут тыныштық жоқ. Егер зұлымдық жасасаңыз, р ештеңені жақсылыққа қайталамаңыз. Сенің тағдырың - албасты мен оның періштелерімен бірге жаһаннамның оты.

Жылқышы ауданына жол жүру

Бір ай көлік алып, жүргізушіні әдемі жылқышы ауданына баруға тырысқан соң , біз оны ақырында жасадық. Біз үміт ауылынан кетіп, Бр 232 тас жолын алдық. Бірқалыпты көлік қозғалысы кезінде біз баратын жеріне әдемі әрі тыныш сапар жасадық.

Біз ана ау торымыздың үйінің қайда орналасқаны туралы дұрыс ақпарат алғанша, үйірмелерде ат үстінде серуендеп жүрдік. Біз келіп, есікті қағып кеттік, қарсы алып, туыстарымызбен сөйлесе бастадық. Екі сағаттан кейін мен колледж бөлмемді шақырдым, және ол мені он жылдан кейін бір-бірін көрмей қарсы алуға келді.

Олар осы қастерлі жексенбі күні түстен кейін жақсы әңгімелер болды. Осыдан кейін біз басты шіркеуді, бас алаңды, қазіргі таңда жұмыс істемейтін саяжай клубын кездестірген ауданды аралап шықтық. Біз суретке түсіріп, оны кәдесый ретінде сақтаймыз. Бәлкім, бір күні он мыңға жуық тұрғыны бар осы маңызды ауданға қайта оралатын шығармын. Бірақ дәл қазір бұл туралы менің жоспарым жоқ.

Біреулер өз жұмысыңызды, бойыңызды немесе активтеріңізді ұрлай алады. Кез келген адам сізді тонай алатын жалғыз нәрсе – сіздің оқуыңыз немесе біліміңіз.

Сіздің оқуларыңыз, білімдеріңіз бен зерделеріңіз – сіз бағындырған байлар және өмір бойы ешқашан жоғалтпайсыз. Шын мәнінде, бұл өмірде бәрі белгісіз: жұмыс, махаббат, сіздің ақшаңыз, сеніміңіз, бәрі белгісіз. Дегенмен, сіздің кәсіби қабілетіңіз бен біліктілігіңіз кез келген жағдайда сізді әрдайым құтқарады.

Мен жоғары мамандану деңгейіне дейін оқыдым, тілдерді оқыдым, информатиканы оқыдым, адамзат тарихын зерттедім, әдебиетпен, музыкамен, киномен айналысамын. Менің барлық жетістіктерім уақыт өткен сайын менімен бірге қалады. Сондықтан өмірде немен бетпе-бет келгеніңізге алаңдамаңыз. Білімді іздеңіз және ол сізді еркін орнатып, ең жаман алдаулардан құтқарады.

Жер бетінде жетілу жоқ. Сондықтан біздің жалғыз ұстазымыз Құдай болуға тиіс.

Өмірде біз бірнеше тәжірибеден өтіп жатырмыз. Біз әртүрлі дәрежедегі оқудан, өмір шеберлерінен, кеңесші туыстардан, рухани бағыттаушылардан өттік. Біз шын мәнінде өткеннің бәрін қарастыру керек нәрсе. Бірақ олардың жетілдірілмегенін түсінуіміз керек. Сондықтан біз олардың қате көзқарастарын ұстанбауға тиіспіз. Бізге, қазіргі таңда терең дем алып, медитация жасап, эмоциялық бақылауды дұрыс жүргізу керек. Өміріміздің әр кезеңінде Құдайдың бізден не талап ететінін түсіну үшін интуицияңызды жүзеге асырыңыз.

Біздің бәрімізде маңызды білім бар.

Білім немесе дайындық деңгейіне байланысты адамдар бір-біріне зиян тигізбеуі керек. Сауатсыздан дәрігерлерге дейін әркімнің әлемге қажетті қандай да бір білімі бар. Сондай-ақ екіншісінен де маңыздылығы аз мәдениет жоқ. Барлық мәдениеттер әлемдегі ең маңызды мәдениеттердің бірі болып табылатын бразилиялық мәдени байлығымызға өз үлесін қосуда.

Бүгінде біз технология әлемінде өмір сүріп жатырмыз. Біз интернет арқылы ақпараттық және алуан түрлі мәдени көріністермен үнемі бомбалап отырамыз. Осының бәрі біздің мәдени білімімізге қосылады. Осылайша, кез келген көркем көріністі қолдайық және оған қатысты мемлекеттік саясатты талап етейік. Бразилиядағы мәдениеттің ұмытылып бара жатқанын және оның маңызы шын мәнінде болуы тиіс екенін түсіну өте өкінішті.

Азап шегу принципі – біздің қате таңдауымыз.

Сіз оны іске асырмауыңыз мүмкін, бірақ сіздің қазіргі азаптарыңыз сіздің өткен қате таңдауларыңыздың нәтижесі болып табылады. Өмір - қайтарымның циклдік процесі. Біз өз болашағымызды қазіргі кезде құрып, өткен фактілерде өзімізді айнадай отырып, бүгінгі күнді өмір сүріп жатырмыз. Иә, фактілердің бірізділігі бізді өмірде басшылыққа алады және оның салдарын жою сөзсіз.

Осылайша, бақыт пен табысқа жетуді қаласаңыз, ағымдағы жұмысыңызға ұмтылыңыз. Ақыр соңында не жақсылық үшін, не жамандық үшін отырғызып жатқан нәрселер жиналады. Сондықтан өз тағдырың үшін ғана жауап беретініңді түсіну қарапайым.

Өзіңіздің бақылауыңызда жоқ нәрсеге өзіңізді кінәлі сезінбеңіз.

Біз ішінара кінәлі болып отырған нәрселер бар, біз қатыспайтын және бізді айыптайтын нәрселер бар және кездейсоқ болып, бізді әлі де кінәлайтын нәрселер бар. Яғни, біз мәселе себеп болған негізгі фактор емеспіз. Мұндай жағдайларда олар сізді кінәлайды деп қабылдамаңыздар. Өз көзқарасыңызды қорғап, фактінің негізгі себебі болмағаныңызды көрсетіңіз.

Бұл кінәлілік мәселелері отбасында, жұмыста және әлеуметтік іс-шараларда орын алады. Олар әрқашан бұлтартпас нәрсеге кінәлі іздейді. Алайда, бірінші жағдайда проблемаларды болдырмау үшін іс-әрекетімізді өз көзқарасымыздан біршама жақсарта аламыз.

Мен жұмыс орындары бойынша өте бағаландым. Басқалары мені оқиғалар үшін кінәлауға арналған абсурд ережелерін ойлап тапты. Осылайша, мен өзімнің ұстанымымнан кем түсетін еңбек қысымына ұшырауға тура келді. Осы және басқа да жұмыс кемшіліктері үшін өз бизнесіңіздің болуы – сіздің ең жақсы таңдауыңыз екеніне сенімдімін. Өз бастық болу сізге ешнәрседен гөрі еркіндік береді. Дегенмен, егер сіздің жұмысыңыз әлдеқайда бекітілген нәрсе екенін сезінсеңіз, жұмыста болыңыз.

Ешкімге қарсы қайғы-қасірет ұстамаңыз.

Жүрегіңде қайғы-қасірет ұстап тұрудың еш мәні жоқ. Дегенмен, шын мәнінде біздің естеліктерімізде белгіленген және ойлануға болмайтын нәрселер бар. Мұндай жағдайларда бізді өмірді жеңіл басқаратын ақыл-ой дебютін жасау керек.

Менің қырық жылдай өмірімде маған зақым келтіретін нәрселер де болды. Маған зиян келтіретін нәрселердің басым бөлігі бас тартумен және бүкіл кәсіби мансабында атқарған жұмысыммен байланысты болды. Бұл мені мәңгі белгілеп, тәжірибе күтпеген нәрселер еді.

Бірақ осыдан өту сөзсіз болғандықтан, бүгінгі таңда бәрін керемет жолмен қабылдаймын. Маған ұнамаса да көршімді құрметтеймін. Ол менің жарияланған жауым болса да, көршімді құрметтеймін. Дегенмен, мен одан әрі ыңғайсыздықтан құтылу үшін маған не зақым келтіретінінен алшақтап кетуге тырысамын.

Мен өзімнің зардап шеккенімнің бәріне зақым келтіргенімді айтпаған болар едім, бірақ менің азаптаушыларыма енді сенім арта алмайтынымды көрсететін естеліктерім бар. Жақындасқысы келсе де, бұрын ештеңе де солай болмайды. Сондықтан олар тіпті жақындамайды. Мен олардың көпшілігімен де сөйлеспеймін. Қашықтықтан жұмысқа кіріскеннен кейін еңбек қатынастары алыс әрі сезімтал болды. Бір жағынан бұл маған рельеф болды. Екінші жағынан, мен жұмыста жасаған адам жылылығы мен әлеуметтік құрылыстарын жіберіп алдым. Бірақ айтпақшы, біз бір жақтан жеңіске жетіп, өз таңдауымыз арқылы екінші жақтан жеңілеміз.

Біз өткен өмірдегі қателіктер үшін ақы төлемейміз.

Әрбір тіршілік циклінің басы, ортасы және аяғы болады. Осыдан кейін қорытынды пайымдаулар мен рухани сот процестері басталады. Қажет болған жағдайда бірізді қайта туды арқылы жерге қайта ораламыз. Бірақ біз басқа өмірден қателіктер үшін ақы төлемейміз. Біздің қазіргі азаппымызды өткен өмірлік қателіктерге байланысты жатқызған дұрыс емес. Дәл осы біздің белсенді циклдік іс-әрекеттеріміз (карма) табысқа немесе сәтсіздікке ұшырайды.

Махаббатта табысқа жете алмағаным менің карма проблемам емес еді. Мен сияқты миллиондаған адамдар махаббатқа наразы, немесе жай ғана жалғыз адам бар. Мен өзімді ықтимал алаяқтықтан қорғау үшін махаббатқа қол жеткізе алмадым деп айтар едім. Біз өзімізді қорғағанда ешкімді өмірімізге жібермейміз.

Мен өзім үшін болашағым қандай болатынын нақты білмеймін. Бірақ мен құдайдың махаббатын, өзін-өзі сүюгімді және отбасымның махаббатын өсіруді жалғастыра беремін деп сенемін. Мен өзімнің өміріме өте қуаныштымын, дегенмен жалғыз өзім. Менің еңбегім бар, әдебиетім бар, саяхаттап жүрмін, дүкенде жүремін, жақсы тамақтанамын, әдемі киімім мен аяқ киімім бар, менде ерекше жақсы ой бар. Менің үлкен жазу терапиям мені әсерлі нәтижелерге ауыстырады. Егер ол әдебиет үшін болмаса, өмірде соншалықты көңілім толмайтындай күңгірттеніп кеткен болар едім. Сондықтан психологиялық емдеумен қатар жасауды өнер ретінде жазуды ұсынамын.

Ережелерге түспеңіздер, өз әдептеріңізді құрыңыздар.

Азаматтар ретінде біз жақсы беру жалпы ережелерін сақтауға тиіспіз. Бірақ жеке ар-ұждан ретінде біз өз нормаларымызды қалыптастыруға тиіспіз. Егер басқаларға ұнамаса, бұл олардың проблемасы. Бұл бір-бірінің жеке бас бостандығының бір бөлігі.

Мен әрқашан біздің еркін ерік-жегімізді, демек, еркіндігімізді ерекше атап өтемін. Егер біз ешкімге зиян келтірмесек, өз мінез-құлқымызды жалғастыруымыз керек.

Мен әрдайым өте жақсы этикаға ие болдым. Мен әрқашан өзімді бір-бірімнің аяқ киіміне салып, сізге зақым келтірмейтін нүкте қоямын. Бірақ басқалары мұны маған жасамайды. Басқалары менің психологиялық сындырып, маған ауызша зақым келтіреді. Рухани эволюция менде бар, бірақ ол екіншісінде емес. Бұл үлкен концептуалды сәйкессіздік туғызады.

Менің барлық махаббаттан бас тартуларым мен менің сәтсіздік терімде мен өте жаман болдым. Мен осы жағдайлардың бәрінен зардап шектім, сауығуға біраз уақыт кетті. Біреуді шынайы сүйіп, қалаусыздың бір бөлшегі сияқты сезіну оңайға соқпады. Бұл осындай әдемі де құнды махаббат еді. Алайда ол екіншісінің қарапайым ойсыз әрекетімен аяқталды. Дегенмен, одан кейінгі өмір. Бұл факт ұзақ уақыт кетті.

Сұлулықты бағаламаңыз. Мән таңбасы

Бұл әлемдегі барлық нәрсе аяусыз жүріп жатыр. Жер бетінде салып жатқанның бәрі уақытпен ыдырады. Сонымен, өмірдің шынайы мағынасы қандай? Көптеген адамдар ақшаға, даңққа, табысқа асығып өмір сүреді. Соған лайық па? Әрине, бұл лайықты емес. Біз адамдарда жанның шынайы қасиеттерін бағалай білуіміз керек: махаббат, мейірімділік, жомарттық, қуаныш, түсіністік, толеранттық, сыйластық, ынтымақтастық, бірлік, сенім, үміт.

Ақша сатып алмайтын нәрселер де бар. Достықты, сүйіспеншілікті, махаббатты, шынайы сезімді ешкім сатып алмайды. Ол біздің жүрегімізге жай ғана серіппе жасап, басқа адамға деген көзқарасымызды көрсетеді: күйеуге шығу, сүйіспеншілік, қол алысу, күтпеген сыйлық, отбасылық түскі ас, сапар, бір қысқаша айтқанда, махаббатты көрсетудің көптеген жолдары.

Біздің нағыз байлығымыз Құдайды ескеру, өзін-өзі сүю және біздің тарапымыздан серік болуы деп сенемін. Көптеген адамдар осының бәріне бір мезгілде ие бола алмайды. Бұл өмірлер қалғанына қарағанда кішкене қайғылы деп айтуға болады. Алайда тыныш та бақытты өмір сүру мүмкін емес.

Өлімді бәріміздің сөзсіз тағдыры ретінде қабылдаймыз.

Біз туғаннан бері ақырында өлімге ұшыраған циклді бастадық. Шын мәнінде, өлім – өмірде бар бірден-бір сенімділік. Өмірге байланысты барлық басқа нәрселер белгісіз. Алайда өлім бәрін күтіп тұр.

Өлім туралы ойламау сау, себебі біз оған бақылау жасамаймыз. Күн сайын, әр сәтте, жағымды жолмен өмір сүреді. Болашаққа үлкен жоспарлар жасаманыздар. Жас болсаңыз да, мақсаттарыңызды бір жыл ішінде жоспарлаңыз.

Менің ойымша, өлім – жақсы әрі әділ әлемнің қақпасы. Бұл пайымдау уақыты, онда барлық адамдар өз істері үшін бағаланады. Әрқайсысы өмір бойы отырғызған нәрсені көп немесе кем емес қайтарады. Сөйтіп, өз әрекеттеріңізді талдап, адам баласы ретінде жетілдіріп, бақытты болыңыздар.

Балаларыңызға адал қамқорлық көрсетіңіздер.

Отбасылық тәрбие балалардың жақсы қасиеттермен білім алуы мен өсіп-өнуіне ерекше мән береді. Ата-аналардың міндеті балаларына Құдай жолында, адалдық жолында нұсқау беру және қоғамда қалай әрекет ету керектігін білу. Ойлануды білетін балаларды тәрбиелеп отырғанда, олар адамзаттың болашағы.

Менде ақылға қонымды білім болды. Мен ақылға қонымды деп айтамын, себебі ата-анам тым қатаң болды және мені түзетудің бір түрі ретінде жиі ұрып-соғып отырды. Кейде оларға маған соққы беруге себеп бермедім, неге жазаланғанымды түсінбедім. Бірақ олар шынымен де мені жақсы адам болуға үйретті. Сондай-ақ, мектеп маған әр алуандылықты және басқаларды таңдауды құрметтейтін адам баласы болу арқылы көмектесті.

Мен өзімнің ұстаздарыма жұмыс нарығына дайындалу үшін бәрін білемін. Мен өстім, өзімді нығайттым және жұмыс істей білуді үйрендім. Мен өзімнің қабілетіме байланысты бірнеше қоғамдық тендерлерде мақұлдадым және қазіргі уақытта мемлекеттік лауазымда, әдебиетке параллель қызмет атқарып жүрмін. Осының бәрі біздің зерттеулеріміз бен біліміміз – өсіп-өнудің, дамудың және толыққанды адам баласы болудың бірден-бір құралы екенін көрсетті.

Сізге тиесілі емес нәрсені ешқашан қаламаңыз.

Өз өмірдегідей дүрбелең, сәтсіздік немесе қиындық туғызғандықтан, басқалардың табысына жебірей емессің. Өзіңізді бақытты сезіну үшін басқаны жойғыңыз келмейді. Олар ол үшін күресіп, марапаттарға жететіндіктен бар. Олардың үлгісін орындап, жұмыс істей бер.

Кішкентай кезімде табысты болған туыстарымның кішкене жебірейін сезіндім. Бірақ кейін мен де табысқа жететін орынға құқығым бар екенін көрсеттім және түсіндім. Сөйтіп, тағдырымды іздеуге аттандым. Колледжге түсіп, қоғамдық тендерге барып, жұмыс істей бастадым. Менің жұмысым туысымнан бұл жұмыстан артық болмады, бірақ мен өзімді бақытты сезіндім, себебі интеллектуалдық қабілетім шегінде бірдеңе таптым. Бұл өзімнің жетістігім еді.

Сондықтан табысқа ұмтылғандардың барлығы дұрыс. Кейбіреулері үлкен табыстарға және басқа да болмашы табыстарға қол жеткізеді. Бірақ әрқайсысы, өз ішінде, қоғам үшін пайдалы функциясы бар жұлдыз. Қолөнерді ешқашан бағаламаңыз, себебі ол біреуге қандай да бір қызмет алуға көмектеседі.

Мен өзімді жақсы сезіну үшін жорамал әлем құрдым.

Көптеген бас тартулардан кейін менің психикамның жойылып кеткені қалыпты жағдай. Сөйтіп, басын көтеріп, алға жылжыдым. Мен ол кейде есте қалады деп үміттенемін. Яғни, менің өмір сүру үшін отыным.

Менің үлкен армандарым мені күн сайын жоғары көтереді. Әр жетістігіммен өзімді бақытты сезінемін. Уақыт өте келе біраз нәрсені лақтырып, басқасын орнына қоямын. Осылайша, мен өзімнің қарапайым өмірімді үлкен қуанышпен өмір сүремін. Саған не айта аламын, армандарыңызға сену керек. Біз шын мәнінде арманымызды жүзеге асыра аламыз деп есептеймін, тіпті оны орындау үшін көп уақыт қажет болса да.

Мен күн сайын өтіп бара жатқаныма қуаныштымын және өзімнің кім екеніме ұялмаймын. Менде бақта шаруа ретінде басталған әдемі траектория бар, бүгін маңызды әдеби шығармасы бар жазушы болдым. Мен өз өмірімді үлкен үмітпен және жас жанмен бақылап отырамын. Сонымен, арманың болса, одан ешқашан бас тартпаңдар. Сіз әрқашан қалаған нәрсеге қол жеткізе аласыз.

Сен-Раймонд-Пеняфор

Балалық және жасөспірімдік

Пеняфор сарайы - Барселона- Испания

Пеняфор бекінісі бұрынғы испан тәжінің атақты санақтарының түсуі өмір сүрген Барселонаның глазур бекіністерінің бірі болды. Гизеле мен Томас Пеняфор құрған жұптардың бірі бірінші баласы Раймонд Пеняфор келуін қабылдауға дайын болды.

Акушер

Бала келе жатыр, ханым. Әлемдегі дебютін жасау үшін қатты күрес жүргізді. Ол жақындап, жақындай түседі. Қарап көріңізші, ол өте сымбатты бала.

Томас

Қандай керемет бала дарди. Көп ұзамай ол Пеняфор отбасының заңды мүшесі болып табылады . Мен сізді мақтан тұтамын, ұлым. Қош келдіңіз.

Гизеле

Мен де бақыттымын, махаббатым. Бұл біздің кешкі кездесулеріміздің таққа отыруының нышаны. Ол көңіл көтеруге және өмірімізге жаңа мағына беруге келеді. Мен оған өте қуаныштымын.

Акушер

Бұл жерде сенің ұлың бар. Осы уақыттан бастап бұл сіздің жауапкершілігіңіз. Оған адал қамқор болыңыздар, оған жақсы білім беріңіздер, қаржылай қолдау көрсетіңіздер, ақырында, осы кішкентайдың өмірін біртұтастық үшін тиімді нәрсеге айналдырыңыздар. Менің көріп отырғанымдай, сіздерде ұлы ата-ана болу үшін бәрі бар. Сәттілік тілеймін, менің дарияларым.

Гизеле

Біз Сіздің қолдауыңыз бен көмегіңізді жоғары бағалаймыз. Сіз сол арманның ажырамас бөлшігісіз. Біраз демалып, көп ұзамай жақсы көремін. Мен өзімнің өмірімде осы жаңа жағдаймен бетпе-бет келуге дайын болуға тиіспін. Бұл оңайға соқпайды, бірақ тиімді болады. Баршаңызға рахмет.

Трио анамның бастамасын қолдайды. Екі сағаттан кейін олар үйіне баруға дайын болды. Бұл сол аристократиялық жұпқа деген сүйіспеншіліктің жаңа бастауы еді. Әсіресе оларға сәттілік тілеймін.

Бес жылдан кейін

Көп жаңалықсыз бес жыл болды. Бала бес жасында өзінің негізгі оқуын, философиясын, заңын бастау үшін мектепке бара бастайды. Оның арманы ұлы заңгер болу еді.

Ол жергілікті мектепте мектептің бірінші күніне осылай басшылық етті. Ата-анасының ротасында ол үлкен Пеняфор мектебінің ғимаратына жеткенше вагонда біраз қиындықтарға тап болды.

Барлығынан қош келдің іздердің бастапқы сәті болды. Содан кейін ата-анасы кетіп, кішкентай баланы сынып ішінде басқа сыныптастарымен бірге қалдырды. Мұғалім еденді алды:

Оқытушы

Менің кабинетіме, менің кішкентай батырларыма қош келдіңіздер. Мен профессор. Мен сіздермен осы оқу жылы үлкен сүйіспеншілікпен, жанқиярлықпен, адалдықпен жұмыс істеймін. Мен сіздерден де солай күтемін. Кәсіби қарым-қатынастан басқа баршаңызбен достық қарым-қатынаста болғым келеді. Үйлесімділік пен білім алмасу орнында жұмыс істегеніңіз ерекше жақсы.

Раймонд

Мен бар күшімді жұмсаймын, профессор. Мен философия мен құқықтың ұлы шебері болғым келеді. Ол үшін осы тақырыпта бірнеше кітап жазып, оқи аламын. Мен сондай-ақ мені қызықтыратын, шабыттандыратын және болар-болмас сенім мәселесіне ерекше көңіл бөлемін.

Оқытушы

Бәрі дұрыс, қадірлі оқушы. Мен сіздердің қажырлы еңбектеріңізге қуаныштымын. Мен сіздерге осы білім жолында көмектесу үшін қолдан келгеннің бәрін жасаймын. Менде сіздерде үлкен әріптес болады. Мен бұл мәселелерді жақсы көремін. Басқаларға келетін болсақ, олар да оңай болуы мүмкін. Біздің оқу жылымызда маңыздылығына бай бірнеше мәселені көруге мүмкіндігіміз болады. Мен саған ең жақсысын беруге уәде беремін.

Тәрбиеленуші

Бәрі дұрыс, профессор. Біз әрқашан армандаймыз және қалаймыз.

Әркім қошемет көрсетіп, инаугурациялық сынып басталады. Барлығында жүйке мен үрей қоспасы пайда болды, бірақ бұл көп ұзамай еңсерілді. Конвейердің бара-бара қысқа уақытында олар жақсы тоғысқан. Баршаға тиімді болатын білімнің үлкен саяхаты басталды. Осы жұмысқа қатысқандардың барлығын құттықтаймын.

Біраз уақыттан кейін

Раймонд ғажайып жас ғалым атанды. Бүкіл мектептегі мансабында білім алуға міндеттенді. Кейін көп шайқаспен ол лайықты табысқа қол жеткізді. Театр және философия ғылымдарының докторы мамандығын бітірген. Барселонаға жұмысқа орналасып, сол жерге көшіп кетті.

Барселонада діни-ағартушылық жұмыс істей бастады. Ол көп табысқа жетіп, ізбасарлары болды. Аздап проблемаға байланысты ол қайтадан көшіп кетті. Италияның Болонья қаласында Христос министрлігін жаттығуға аттанды. Христосқа он жылдан астам уақыт қызмет еткен.

Ол құлдық азшылықты христиан дініне айналдыруда ерекше жұмыс атқарды. Оның мал жайылымдық жұмысы Еуропада тиімді әрі әйгілі. Ол бүкіл өмірін Христос үшін өмір сүрді және қазіргі заманда католик шіркеуінің әулиелерінің бірі болып саналады.

Қайтыс болғаннан кейін мүлікті мұраға қалдыру туралы

Қарт туысыңызға үлкен жанқиярлықпен, әсермен, әсермен және қолжетімді ігімен қамқорлық жасаңыздар. Мұраны сақтап қалу үшін мұны жасамаңыз. Яғни, бұл өте әдепсіз. Өтемді күтпей жақсылық жасаңыз, өйткені құдайды осылай қуантады.

Менің ата-анам ешбір мұраны қолма-қол ақшамен қалдырмады. Олардың не қалдырғаны біз тұрған кішкентай шаруашылық еді. Ата-анамның еңбегі үшін ризашылығымды білдіремін. Олардың жұмысы болмаса, тіпті өмір сүретін орным да болмас еді. Ата-анам маған қалдыра алатын ең жақсы нәрсені қалдырды: оқу және олардың үлгісі.

Мен әлі күнге дейін шаруашылық жұмысынан босатылған жалғыз адам болғанымды түсінбеймін. Шаруа қожалығында онға дейін жұмыс істедім. Осыдан кейін әкем маған тек мектеп оқуына ғана баруға рұқсат берді. Құдайға шүкір, мұның бәрі пысықталды. Мен колледжді аяқтадым, қоғамдық жұмысқа орналастым, мен танымал жазушымын. Менің барлық жетістіктерім мені әрдайым ағартушы болған жеке күш-жігеріме және жақсы Құдайыма қарызын.

Болашағымның қандай болатынын дәл білмеймін. Бірақ менің ерік-еркім – менің туыстарыммен бірге үміт ауылында қалу. Бұл жерде мен көптеген басқарушылықсыз қарапайым өмір сүріп жатырмын. Сондықтан мен өмір сүрудің қажеті жоқ деп айта аламын. Мен табиғаты бойынша қарапайым адаммын және мені не күтіп тұрғанын білемін – ұлы болашақ және бақытқа толы.

Мен өзімнің барлық табыстарымды оқырмандарыма беремін.

Мен өзімнің өмірімде әдебиеттің қандай екенін жақсы көремін. Мен үшін жазу – менің жазуымды оқыған мыңдаған адамдарға арналған үлкен байланыс көпірі. Адамдардың менің жазғанымды оқып, кітаптарымды сатып алу арқылы маған қолдау көрсетіп жатқанын білу өте қуанышты. Бұл жазуды іс жүзінде шығарма деп санауға болатын өнерді барған сайын нығайта түседі.

Бірақ басқа жақтан ешқандай жауабым болмаса да, жазумен жалғастыра беремін. Жазумен қарым-қатынасым медициналық және психологиялық проблемадан басталды. Сол кезде жазу керемет жол болды, сондықтан мен өз проблемаларымды ойлап табуға болатын едім. Бұл менің ойымша үлкен тиімді әсер етті. Мен өз денсаулығымды жақсарттым және бүгін әлдеқайда жақсымын. Осылайша, әдебиет маған әрқашан айтуым керек нәрсені тыңдауға дайын бағаланған досымды таба алатындай қауіпсіздік беретініне өте ризамын.

Қара нәсілге деген құрметім

Мен жер бетінде бар тұқымның барлық түрін, соның ішінде жануарларды да жақсы көремін. Мен мәдениеттің, нәсілдің, этностың немесе таңдаудың барлық түріне құрметпен қараймын. Сөйтіп, ғасырлар бойы қуғын-сүргінге ұшырағанына қарамастан, бүкіл әлемде көптеген қара нәсілді адамдар тұрғанын көріп отырмын. Бүгінде біз қара нәсілді адамдардың саясатта, спортта, теледидарда, кинода, кәсіпте, мектепте жарқырағанын көріп отырмыз.

Осындай ашық ойдың осы адамы бола тұра, мен жоғары рухтарды құптап, мақұлдағанымды сезінемін. Барлық жерде құдай мені жақсы көретінін және мені бірегей жолмен қорғайтынын сезінемін. Сондықтан азшылықты қаламауыңызды сұраймын. Әркім тыныштықта өмір сүрсін.

Қорқыныш – біздің сәтсіздіктер імізден ұлы вилланы.

Қорқыныш - сұмдық аң, ол бізді ештеңеге қабілетсіз әлемде түрмеге отырғызады. Бірақ сіздердің қабілеттеріңіз бар. Бетпе-бет келіп, кез келген нәрсенің шешімін таба аласың. Тек қорқынышты құлату үшін қарым-қатынас пен батылдық бар. Маған сеніңіз, өзгертуге дайын болсаңыз, табысыңызды ештеңе тоқтата алмайды.

Мен әрдайым қорқынышты жас жігіт болдым. Әлеммен бетпе-бет келуден қорыққан едім, жыннан қорқамын, әкем мен анамнан қорқамын, әлі де ағамнан қорқамын. Осының бәрі олар менен артық болғандықтан, мен оларға қайшы келмедім. Іс жүзінде аса күрделі отбасылық істер бар.

Бізді қашып құтыла алмайтындай етіп ұстап қалатын жағдайлар да бар. Бірақ қазірдің өзінде еркін болсаңыз, қорқудың қажеті жоқ. Армандарыңызды жалғастыру үшін көңіл-күйде болыңыз. Иә, күресіп, күресіп, табандылық танытатындар үшін кез келген нәрсе болуы мүмкін. Сізге табыс тілеймін. Әрқашан өз армандарыңызға сеніңіз.

Өзіңізге ерік беру құқығын беріңіз.

Ешкімді қуантатын керемет адам болғың келмейді. Бұл мүлдем пайдасыз. Қанша тырыссаңыз да, қандай да бір себептермен сізді ұнатпайтын біреу әрқашан да болады. Сосын басқаларға емес, сізді қуанту үшін өз өміріңізді өмір сүріңіз.

Мен әрқашан әркімнің алдында кейіпкер жасауға тура келді. Басқалары менің сексуалды ығымды қабылдамағандықтан, мен олардың ерік-күшімен ұсынуға тура келді. Бұл менің дәстүрлі отбасымда дүниеге келгеніме байланысты болды. Мен қырық жастамын және әлі күнге дейін толық еркіндігім жоқ.

Мен өзімнен басқаша ойлайтын үш ағайындымен бірге тұрамын. Осылайша, мен өз үйіме келушілерді еркін қабылдай алмаймын. Екінші жағынан, олардың компаниясы маңызды, сондықтан мен қатал уақытта өзімді жалғыз сезінбеймін. Жер бетіндегі тағдырымның бір бөлігі деп есептеймін. Анам қайтыс болғандықтан бауырларыма қамқорлық жасауым керек.

Өзіңізді тіршілік ағымынан арылсын.

Өмірде күресе алмайтын жағдайлар да бар. Ағысқа қарсы жүзу — ток тым күшті болған кездегі жаман кеңес. Осылайша, ең жақсы шешім – өзіңізді тағдырдың ағымынан арылту. Тағдыр - сізді дұрыс уақытта дұрыс жерге апаратын қуатты күш.

Менің өмірім ірі бұрылыстармен және бұрылыстармен атап өтілді. Мен көптеген қоғамдық жұмыс орындарында жұмыс істедім, жазушы, кинорежиссер және композитор болдым, енді кәсіби жазушы болдым. Әдебиеттен жиі бас тартсам да, жазушы ретіндегі тағдырым қатты айтылды және осында мен сіздер үшін тамаша мәтіндер жазып жатырмын.

Тағдыр сізді өмірде шабыттандыра алса да, ең жақсы шешім – дұрыс таңдау жасау. Әр түрлі жағдайларды бастан кешіріп, өміріңізге не сай келетінін түсініңіз. Біз өз әлеуетімізді білетін болсақ, бәрі жеңілдей түседі.

Жалғыздық та көптеген маңызды нәрселерді үйретеді.

Біз қатар және жалғыздықта үйренеміз. Әсіресе соңғысында біздің өмірімізді қоршап тұрғанның бәрін ойластыруға мүмкіндігіміз бар. Жалғыздық кейде зақым келтірсе де, үнемі медитация арқылы өзімізді білудің таңғажайып мүмкіндігі болып табылады.

Мен әрдайым сүйіспеншілікпен сөйлеп жүрдім. Бұл жағдай маған өзімді бағалаудың маңыздылығын көрсетті, ал басқалары мені қуып жетіп жатты. Басқалары мені алып тастағандықтан, мен өзімді барған сайын жақсы көрдім және адами қарым-қатынасты терең зерттедім. Білімнің осы саяхатында мен өміріміздегі құдайға табыну махаббатының тереңдігі мен қабылдауын көрдім. Құдайға сену өте керек, өйткені ол бізге қажет болғанда бізге ешқашан жетпейді.

Он, жиырма, отыз, қырық немесе елу жыл ішінде өмірімнің қандай болатынын дәл білмеймін. Бірақ мен бұған да қамқорлық жасамаймын. Мен қазіргі кезде көп сүйіспеншілікпен, жанқиярлықпен, адалдықпен, еңбекпен, ерлікпен, сеніммен өмір сүріп жатырмын. Қалай болғанда да, мен оны жіберіп алмаспын деп білемін.

Кез келген жағдайда бақытты болыңыз.

Әрбір жаңа тірі таң – шексіз қуаныш пен бақыттың себебі. Құдайдың күн көзін көріп отырғанымыздай, бізге тиетін ұлы проблемаларды ұмытып, жұмысымызды жалғастыру үшін жаңарғанымызды сезінеміз. Бақытты болу – үлкен сын-тегеуріндер жағдайында да таңдау мәселесі.

Иә, өмір мені сансыз рет сынға алған. Менде бақытсыз болуға барлық негіз болды, себебі мен он мыңнан астам сүйіспеншіліктен бас тарттым. Алайда мен тағы да күлімсіреп, өзіме сендім. Өзімізде бақыт болған кезде бізді ештеңе шайқай алмайды.

Осылайша, керемет күлкі ашыңыз. Әлсіз жақтарға «жоқ» деп айтыңыз және қайталап көріңіз. Әрқашан жаңа сын-тегеуріндер, шытырман оқиғалар, махаббат, жетістіктер, жетістіктерге қол жеткізу мүмкіндігі пайда болады. Өмір қауырт өмір сүруге тиіс.

Махаббат - үлкен рухани оқыту.

Махаббат - онда бар ең әдемі сезім. Бұл рационалдан ауысатын нәрсе, ол бізді терең қозғайтын нәрсе. Біреуді сүйгенде біз қорқынышсыз, ұятсыз немесе қандай да бір басқа кедергісіз жеткізетіндей боламыз.

Мен оны сол қырық жыл ішінде бірнеше рет жақсы көрдім. Мен ешқашан басынан өткерген махаббат жағдайларының ешқайсысында өзара түсіністік танытқан емеспін. Сондықтан махаббаттың ауыртпалығы терең деп айтылады. Біз бірдей сәйкес келмеген кезде, ол емшілікке уақыт алатын үлкен эмоциялық жараларды ашады.

Бізге махаббатқа ұқыпты болу керек деп айтудың пайдасы жоқ, өйткені бізді бақыланбайтын сезімдер жылжытып отыр. Біз шын мәнінде сүйгенде мадақтаудың қайғылы қорқынышын жеңеміз. Бәлкім, махаббат кейбір адамдар үшін жұмыс істейтін шығар, бірақ ол әрдайым біз елестеткендей емес. Махаббатты біз жақсы көретіндей табу лотереяны ұтып алудан гөрі қиынырақ.

Махаббат әрдайым дәл ғылым болып табыла бермейді. Бәлкім, махаббат психологиялық, психикалық және жаратылыстану аспектілеріне байланысты адамзат ғылымдарына жақын шығар. Махаббатқа деген әрбір талпыныс - қараңғыда үлкен ату. Махаббатта, үмітімізді жеткізетіндіктен, біз жиі қайғылы жағдайға ұшырауы мүмкін белгісіз оқиғадаймыз. Сондықтан қатысты болған кезде абай болыңыз.

Ар-ұжданның айқын болуы баға жетпес құндылық.

Адалдық туралы әрекет. Егер тығылып қалсаңыз, қатеңізді түзетіп, басын көтеріп, қайталап көріңіз. Ар-ұжданның айқын болуы баға жетпес құндылық. Ұйықтап, жақсы ояну – үлкен сыйлық.

Құдайға шүкір, қырық жылға жуық уақыт бойы менің траекториямда менде ғажайып тыныш ар-ұждан бар. Күнә жасағаным рас болғанымен, қателіктеріме шын жүректен өкініш білдіріп, оларды түзетіп, іс жүзінде «нөлден» бастадым. Күнәларым үшін кешірдім, себебі көршімді ренжітіп, кешірдім. Біз күн сайын дұға етеміз деген дұғада дәл осылай жазылған.

Басқаларға сену – үлкен қауіп.

Егер біз адамдарға, әсіресе біз таңдандыратын және сүйетін адамдарға сенетін болсақ керемет болар еді. Бірақ ол әрдайым мүмкін емес. Басқалардың көзқарастарын жойып жібергенде ешкімге сену қабілетін жоғалтамыз. Біз мұны өзімізді қорғау тәсілі ретінде жасаймыз.

Осылайша, аз сеніп, көбірек әрекет етіңіздер. Құдайға және өзіңізге деген сеніміңіз бар. Сіздердің жобаларыңызға жанқиярлықпен жұмыс істеуді жалғастырыңыздар және табысқа қол жеткіземіз. Бізді сөзсіз жақсы көретін үлкен әкеміз бар. Сондықтан Құдайдың батасына қуанып, риза болыңыз.

Сеніміңізді ешқашан аяқтамаңыз

Сенім - кішкентай сөз, бірақ өте қуатты. Сенім – өмірдің қиын да қараңғы сәттерінде бізді қолдайтын нәрсе. Ал кейде өмір біздің бақылауымыздан тыс нәрселермен соншалықты күрделене түседі.

Өмір әдемі әрі керемет болғанына қарамастан, көптеген күнделікті сын-тегеуріндермен бетпе-бет келеді. Егер мұқият болмасақ, ақыл-ойымызды бізді үлкен қайғыға немесе тіпті қатты депрессияға әкелуі мүмкін негізсіз алаңдаушылықтармен толтырамыз.

Проблемалар туралы ойланбауға тырысыңыз. Біраз уақыт шығып, біреумен сөйлесіңіз немесе саяхаттаңыз. Біздің ойымызға жайлылық әкелетін жағдайлар қажет. Бізге ірі апаттар жағдайында дем алу керек. Бірақ оған алаңдамаңыз. Бәрі де өміріңіздің қандай да бір сәтінде пысықталатын болады.

Сіздерде бар нәрсенің бәрі орын алады.

Өмір жолдарында бізде шығын мен пайда бар. Ал біздің шығынымыз бізді жиі қайғырады. Дәл біздің жаман таңдауларымыз бізді күрт шығынға алып келеді. Бірақ солай, не? Сенің қандай болуың керек болса да, ол сендерге қандай да бір сәтте келеді. Сондықтан тым ұзақ береке жасамаңыз.

Менде жаман таңдаулар мен жақсы таңдаулар болды. Олардың барлығы мені қателесуге немесе дұрыс алуға өз құқығымның болуын үйренді. Дәл осы жүйелі өмір тепе-теңдігі біздің оң жақта болғанымызды анықтайды. Бірақ оған алаңдамаңыз. Қателіктер бірізділігінен кейін әрқашан басқа мүмкіндіктер болады.

Әлем үшін қалағаныңызды өзіңіз жасаңыз.

Әлемде негізгі экономикалық, құрылымдық және әлеуметтік проблемалар мен теңсіздіктер бар. Жай ғана әлемнің проблемаларын ешкім шеше алмайды. Сонымен, әлемді өзгертпегені үшін өзіңізді қамтымайсыз немесе өзіңізді кінәламайсыз.

Ең болмағанда өзіңіз және айналаңдағылар үшін істеңіз. Сіздің кішкентай әрекетіңіз жақын ортаңызды өзгертеді. Егер әркім сіз сияқты ойласа, әлемде жаңа іс-әрекеттер пайда болады және ол жағымды репертуарға ие болады. Ескі айтқандай: кішігірім әрекеттердің одағы әсерлі нәтижелер бере алады.

Ешқашан екіншісіне зиян келтіруге тырыспаңыз.

Өзің үшін не қаламайсың, екіншісі үшін жасамаңдар. Бұл, сөзсіз, Жебірейіл бізді тастап кеткен үлкен пәрмен. Уәждеменің осы жолында, егер мен жақсы нәрсені қаласам, көршіме де оның арманын жүзеге асыру үшін жағымды жігер жіберемін. Мен неғұрлым көп істесем және жақсылыққа ұмтылсам, соғұрлым өзіме жақсы нәрселерді көбірек тартамын.

Біз өміріміздің ұлы дауылдарын интеллектпен еңсере аламыз.

Сөнбеңдер. Торығу біздің арамызға түскенде, әдетте, жалғандыққа ұшыраймыз. Бірақ бұл құдайдың біз үшін қалағаны емес. Сіз біздің қиындықтар жағдайында құлауымызға ешқашан жол бермес едіңіз, сондықтан ол бізді әр қадамда бағыттайтын қорғаныш періштелерін орналастырады.

Мен өз өмірімнің алға жылжып бара жатқанын сезінемін. Күн сайын қуанышпен, күшпен, батылдықпен, табандылықпен күресіммен бетпе-бет келіп отырмын. Мен дәл қайда баратынымды білмеймін, бірақ құдайға табыну ерік-жегіме толықтай тіркелгенмін. Бұл мен үшін мүлдем жақсы және таңғаларлық жайт. Мен өз өмірімде жаңа тәжірибемен бетпе-бет келуге мүлдем еркін сезінемін.

Мен қараңғылықтың үлкен дауылдарынан өттім. Бірнеше рет жеңіліп, өзімді таптым. Будда біздің рухани жеткізілімімізге азап шегу арқылы қол жеткізетінімізді үйретеді. Ал бұл үлкен шығарылым тіпті мүлдем болжауға келмейтін жағдайларда да тәуекелге баруға дайын болған жағдайда ғана мүмкін болады.

Махаббат бәрі лайықты деп санауға итермелейді.

Өздеріңіз білесіздер, махаббат сіздермен бірге үлкен сиқыр алып жүреді: ерекше және қауіпті жағдайларға дейін лайықты. Біз махаббатқа қауіп төндірген кезде жақсы іс үшін өзімізден бас тартуға дайынбыз. Аналогия ретінде Христостың айқастағы махаббаты махаббат қуатын білдіреді.

Сүйіспеншілік үшін бізге ешқандай себеп керек емес. Біздің сезімімізге ешқандай себеп керек емес. Тек біз үшін де, бір-біріміз үшін де ең жақсысын қалаймыз. Сондықтан жай ғана махаббат сиқыры орын алады.

Қайта орала алмайтын нәрселер бар

Құдай бізге еркін таңдау жасады, сондықтан біз соққы бере алар едік немесе жіберіп алар едік. Осылайша, біз өз таңдауымызды жасаймыз. Біздің қателіктерімізге қаншалықты өкініш білдірсек, кері бұрылу және оны түзету жоқ. Өмірде үмітсіз жағдайлар бар. Мысалы, екі адам арасындағы сүйкімді таңдау. Шабыттанған ол жақындарын ешқашан кешірмейтін.

Менің махаббатқа деген талпыныстарымның біріне де осылай болды. Ол әйелін таңдап, мені жоққа шығарды. Оған қаншалықты өкініш білдірсе де, мен оған ешқашан сенім арта алмаймын, себебі оның әйеліне деген сүйіспеншілігі маған деген сүйіспеншілігінен үлкен болды. Иә, егер біз біреудің өмірінде басымдылыққа ие болмасақ, онда онымен жақсылық үшін алыстаған дұрыс. Бұл жалған иллюзиядан аз береді.

Біз әрқашан өзімізге ұнайтын нәрсемен жұмыс істей алмаймыз.

Біз әрқашан өзімізге ұнайтын нәрсемен жұмыс істей алмаймыз. Кейде жанымызды қоректендіретін нәрселер денемізді қоректендірмейді. Жалпы өнер де солай. Өнер – бұл бізге жақсылық жасайтын, бірақ бізді ұстап тұрмайтын нәрсе. Алайда бұл жағдайға қайғырудың қажеті жоқ. Біз бос уақытымызда өнерді өсіре аламыз, сондықтан да біздің ойымыз қуанышқа, көңілге, кереметтікке толы болады.

Өнер мені ешқашан қолдамады. Менде әрқашан табысымның негізі болып табылатын жұмыс орындарым болды. Өнер қосымша табыс болып табылады, бірақ өнерде ғана өмір сүру мүмкін емес, себебі көркемдік табысы айтарлықтай өзгеріп отырады және берілген айда өте аз болуы мүмкін.

Зұлымдық өміріңізде болсын.

Кімде-кім бізге зиян келтіргенде, яғни құтылуға немесе болжауға болмайтын нәрсе. Алайда азап шегуді жалғастыру опцион болып табылады. Бірдеңе бізді жойғанда, біз оны жай ғана алысқа итермелей аламыз немесе батылдық ретінде көтере аламыз.

Тек өзіме жақсылық тілеймін. Мені бұрынғы кезде жойғанның бәрі бұрынғы кезде болған. Осылайша, бұл күндері мен өзімді толық адам сияқты сезінемін. Мен өзімнің күнделікті күресімді жеңіске деген үлкен ұмтылыспен жалғастыруға күш-жігеріммен сезінемін.

Мен жер шарындағы кеніштің осы жолын жақсы көремін. Бұл – жоғары-төменге, сәтсіздіктер мен жеңістерге, сенімділікке және күтпеген оқиғаларға толы жол. Бірақ мұның бәрі соған лайық. Иә, мен өз өмірімдегі әрбір жетістікке алғысымды білдіре алмаймын және келесі оқиғаларға дайынмын.

Әркіммен үйлесімді өмір сүруге тырысыңыз.

Айналаңызда келісім болуы үшін бейбітшілік пен ішкі келісімді тәрбиелеу керек. Адал әрекет ете отырып, сіз жауларға қарағанда достарыңызды көбірек жасайсыз және маңызды әлеуметтік қарым-қатынастарды қамтамасыз етесіз. Ішкі бейбітшілік неғұрлым көп болса, соғұрлым сіздің ақыл-ойыңыз бен стипендиаттарыңыз соғұрлым жақсы болады.

Мен барлығымен бірге ішкі тыныштықта өмір сүруге тырыстым. Бірақ кейде мүмкін емес. Бұл тек сізге ғана емес. Кейде басқалар сіздің достарыңыз болғысы келмейді. Осылайша, мұндай жағдайда біз бір-бірімізді құрметтеуге және тек кәсіби қарым-қатынасты ғана сақтауға тиіспіз.

Надандық пен мақтаныш аз бол.

Ықпалды, бай, қуатты болуды ең көп сезінетін адамдар да бар. Басшылық лауазымдары болғаны үшін басқаларды азғыруғысы келетін адамдар да бар. Бұл адамдар орташа, өйткені әлемдегі жалғыз ұлы — Құдай.

Көп кешікпей Құдай сияқты болғысы келгенде, олар жойылуға түседі. Барлық уақытта әлем бұрылып, үстінде тұрған осы адамдар төмен түседі. Бұл ешкімнің құдай сияқты қуатты немесе маңызды еместігін көрсету үшін жасалады. Біз бәріміз жер бетіндегі күнгейлер мен терминдеріміз.

Көптеген адамдарға қарағанда мен әрдайым өршіл адам болдым. Мен әрқашан еңбекті, азшылықты, Құдайдың махаббатын, өзіме деген сүйіспеншілігімді, дінімді, адалдығымды бағаладым. Мен өзімнің қарапайымдылығымның жемісіне табыну батасымен жетемін. Егер қате жолда болсаңыз, шағылыстыруға және өзгертуге әлі уақыт бар. Өзіңізді нағыз жақсы ілгерілету құралы ретінде қойыңыз. Мұны өзіңіз және сізді жақсы қарсы алған біртұтастық үшін жасаңыздар.

Сөйлемес бұрын ұзақ әрі қатты ойланыңыз.

Ойланбастан кез келген әрекет – үлкен қасірет. Ойсыз әрекеттер көршімізге қайғы-қасірет пен ауыртпалық туғызады. Сондықтан актерлік өнердің алдында дамып, ойлану керек.

Мен көптеген жеке қайғылы оқиғалардың құрбаны болдым. Сол көмегімен мен ойлайтын адамдарды бағалауды үйрендім. Бізде ең үздік компаниялар деп ойлайтын адамдар бар.

Осылайша, сіздің достығыңызға шын мәнінде кім лайық екеніне көз жүгіртіңіздер. Нағыз достарды таңдау уақыт пен қиындықты үнемдеуге мүмкіндік береді. Бір-бірімізді толық түсінгенде соншалықты жақсы. Біраз уақыттан кейін бір рет әсер, аффект және құдіретті сезіну соншалықты керемет. Иә, біреуді жақсы көрсеңіз, уақытты босқа шығармаңыз және іс пен сөзбен көрсетіңіз.

Барлық сексуалды лықтың маңызы зор және оны құрметтеу керек.

Көптеген жыныстық азшылықтар гетеро зиготалылар басым қоғам тарапынан қуғынға ұшырайды. Бұл соншалықты өкінішті, себебі әлем көп жағдайда соншалықты дамыды, бірақ бұл зат әлі де артта қалып отыр.

Егер сексуалды лық біздің басты ішкі көріністеріміздің бірі деп ойлауды және түсінуді тоқтатсақ, онда адамдардың бақытты болуына жол беруіміз керек. Гомология өзін Құдай таңдаған деп санайтын көптеген адамдардың жамандығын өзі алып жүреді. Жыныстық бағыттылығы дұрыс емес, кеш адамдардың өздерін басқаларға қарағанда артық деп ойлайтын қысымы байқалады. Бұл өте өкінішті.

Мен бәрін қоғамға қосу құқығын қорғаймын. Дұрыс емес пе, әлде дұрыс па, біз өз таңдауымызды жүзеге асыруға құқылымыз. Құдайға оның дұрыс па, әлде дұрыс емес пе дегенді айтуға рұқсат етейік. Басқаларға аз қамқорлық жасағанда жеке эволюция тамаша. Мен әлемді қысымсыз қорғаймын.

Әр жетістікке қуанып, әр күн өмір сүрдім.

Күн сайын қаншалықты жақсы дәуіт пен дуадақ. Өмір сыйы – соңына дейін тамашалауымыз керек үлкен бата. Өмір үлкен сын-қатерлерден құралса да, салқын нәрсе – проблемаларды шешіп, қорқынышты жеңіп, батыл тұрып, алға жылжу.

Мен өз өмірімді мүмкіндігінше қауырт өмір сүремін. Күн тәртібінен тыс мен әрқашан армандаған туыстарым мен орындарыма бара аламын. Бұл сәттер өте сирек кездеседі, себебі уақыттың көбінде мен өзімнің жобаларыммен жұмыс істеп жүрмін. Мен өзімді қолдап, отбасыма көмектесу үшін жұмыс істеуім керек.

Үлкен сын-тегеуріндермен бетпе-бет келгенде, біз өз қабілетімізді көрсетеміз

Өмірдің гиганттық сын-тегеуріндеріне мазасызданбаңдар. Қалай болғанда да, оны өсіру үшін олар сіздің өміріңізге қойылды. Бізді барлық қауіп-қатерден құтқару үшін әрекет етуге дау айту керемет.

Өмір мені әрдайым сынға алған. Мен әр кедергіні үлкен күшпен, қайғы-қасіретпен, батылдықпен, сеніммен қарсы алдым. Мен ешқашан ешбір жағдайға көңілім толмады. Проблемаларды еңсеру кезінде мен өзімнің қабілетімнің қаншалықты үлкен болғанын түсіндім. Сондықтан мен үлкен эмоцияларды өмір сүрдім.

Сондықтан өз сеніміңізді өз арықшылығыңызға пайдаланыңыз. Проблема жағдайында ешқашан бас тартпаңыз. Сіздің жеңісіңіз сіздің күш-жігеріңіздің мәніне келетініне сенімді болыңыздар. Өміріңізде сіздерге сәттілік тілеймін.

Барлық сапарларды өз үйіңізден қуана қабылдаймын

Келушілерді қарсы алу керемет. Туысымызға деген сүйіспеншілігімізді көрсеткенде, оның орнына махаббат толқынын сезінеміз. Бұл қан ілмегі біздің траекторияларымызда күштірек әрі тиімдірек.

Өзіңіз үшін қалаған нәрсені басқалар үшін орындаңыз. Біз осы пәрменді ұстанғанда бүкіл әлемге адамзатты көрсетеміз. Бұл адамзат айналаңыздағы әрбір адамзатты жаңа қайырымдылық жасауға шабыттандыра отырып оятады. Әлемге теңсіздікті азайту үшін анағұрлым тиімді іс-қимылдар қажет.

Махаббат - күн сайын өсірлуге тиіс нәрсе.

Махаббат күн сайын сумен суғаратын тұқым сияқты. Сүйікті бөліктерінің бірі сәйкес келмесе, жай ғана бұл сезім өзін толық жоймайынша салқындап қалады. Сонымен, махаббатты талап етпес бұрын, өз көзқарастарыңызды бақылап, өзіңіздің ұзақ уақыт бойы сүйіспеншілік сыйлағаныңызды көріңіз.

Мен өмірде үлкен сүйіспеншілікке бөлендім, бірақ олардың ешқайсысы оны бағалаған жоқ. Олар мені алып тастап, жолға шықты. Сөйтіп, мен өз өмірімді талдап, Құдайдың махаббаты мен өзіме деген сүйіспеншілігімнің ешнәрседен үлкен екенін анықтадым. Мен әрқашан арман еткен бақытпен бетпе-бет келдім, сол бақытты мен ұсындым.

Бақытты болуға дайын формула жоқ, бірақ бақытты өзіміздің бір бөлігіміз деп айтар едім. Бұл бақыт сізден ешкім алыстамайды, тіпті ұзақ уақыт өткеннен кейін де, өйткені ол сендерде.

Мені зердеге, мейірімділікке, жомарттыққа тартады. Мені жақсы жануарлардан шығатын жағымды ойлар тартады. Мен ешқашан ұсақ адамдармен, жезөкше немесе жала жапқан адамдармен келіспеймін. Мен әрқашан Құдайдың жағында боламын және барлық көзқарастарымда жақсы боламын. Сондықтан кейбір рухтар мені Құдайдың ұлы деп санайды.

Ертең жоқ сияқты өткенге ғибадат етпеңіз.

Өз күн тәртібінде сөйлескен немесе есте сақтаған жақсы емес, себебі ол қолданыс табылмайды. Өткен енді өзгере алмайды. Алайда біз жаңа ұстанымға ие болып, қазіргі уақытта да, болашақта да дұрыс таңдау жасай аламыз. Бақытты болу тек қана және тек сіздің жаңа таңдауларыңызға байланысты.

Ұзақ уақыт бойы өткеннің қайғы-қасіретінде тұрып қалдым. Бірақ біраз уақыттан кейін мен өз уақытымның босқа кеткенін түсіндім. Осылайша, мен өткеннің аз болғаны есімде және қазіргі жобаларыма назар аударғанды жөн көремін. Ол жұмыс істеп жатыр. Менің тыныштық пен тыныштыққа толы ақыл-ойым бар.

Өткен сізді айыптай алса да, өзіңізді кешіріп, ренжіту керек. Дұрыс қарым-қатынаста өз лайықтылағыңды көрсету үшін әрқашан жаңа мүмкіндіктер бар екенін көруге болады. Көп қайырымдылық жасаңыздар және күнәларыңызды сатып алуға болады. Жаңа адам болыңыз және жаңа оқиға жазыңыз.

Әлемде махаббаттың көптеген түрлері бар.

Дүниеде махаббаттың бірнеше түрі бар: Құдайға деген сүйіспеншілік, ата-анаға деген сүйіспеншілік, туысқандарға деген сүйіспеншілік, жануарларға деген сүйіспеншілік, бойға деген сүйіспеншілік және достарының махаббаты. Махаббатты тым көп талап ету арқылы оны асыра орындамаңыз. Өмірде болатын ең үлкен махаббат өзіңіздің сүйіспеншілігіңіз бен табынуыңыз болатынын есте сақтаңыздар.

Біз басқалардан тым көп талап еткенде, қарым-қатынас, әдетте, бізді көңілімізден шығып, тым қатты күйзеліске ұшыратады. Сондықтан солай болмаңыз және шындыққа жанаспайды. Бақыт пен махаббат бір күн аяқталады. Бұл өмірде барлығы бір күнде аяқталады. Ендеше, неліктен махаббатты романтикалық тым көп? Ойлап табылған махаббаттан гөрі реалистік махаббат жақсырақ. Біз одан аз зардап шегеміз.

Қаржылық мүддеден махаббат қарым-қатынасын іздемеңіз. Адамға деген сүйіспеншілік үшін қалып қойыңыз.

Мен әрқашан ақша өмірдегі ең жақсы нәрселерді сатып алмайды деп айта аламын: жақсы компания, махаббат, сүйіспеншілік және достық. Ендеше, неге осындай материалистік адам болу керек? Материалдық тауарларды маңыздылығы болмайтындай етіп жіберу керек.

Кей кездерде ақшаның болуы жақсы, бірақ ол әлемдегі ең жақсы нәрсе емес. Сонда адамның мінезі мен этикасын бағалаймыз. Бізге әркімнің өмірін жүргізу үшін жақсы құндылықтары бар адамдар керек. Сондықтан билеушілерді жақсы таңдаңыз.

Мүлдем дұрыс этика жоқ.

Әр адамның өз ақиқаттығын көрсетуге болады. Біз дұрыс деп санайтын нәрсе басқалардың пікірі бойынша дұрыс болмауы мүмкін. Ендеше, өз пікіріңізді басқаларға неге қойғыңыз келеді? Жоқ, мұны жасамаңыз. Әрқайсы өз таңдауларына қуансын.

Қақтығыстың себептері негізінен сан алуан пікірлер болып табылады. Тіпті заңды талдау кезінде де көптеген пікірлер бар. Әрқайсымыз өз оптикасы бар оқиғаны көріп, оны құрметтеуге тиіспіз. Біз не істей алмаймыз , келесісіне жету үшін өтірік айта алмаймыз. Әрқашан да шындыққа жанасады.

Бізге мол әрі жақсы ер адамдар керек.

Бізге неғұрлым ізгілік пен жақсы әлем керек. Ер адамдар өз жұбайларын құрметтеп, оларға иелік еткісі келмеуі керек. Бізге зорлық-зомбылық аз және түсіністік қажет.

Мен әрқашан әйелдерді өлтіру кесірінен қарым-қатынаста болудан қорқамын. Егер бізде тұрмыстық зорлық-зомбылықтың мысалдары көп болса, адамға сену өте қиын. Сонымен, өзіңізді қорғағыңыз келсе, жалғыз өзіңе барсаң жақсы.

Баия штатындағы Абаира қаласының тарихы
Үлкен үйде сөйлесіңіз.

Азеведо маркизі, қуатты жер иесі, ал оның әйелі Элеонора жыл соңына дейін түнде сөйлеседі.

Азеведо маркизі

Мен осы ел өмірінен шаршадым және ауырдым. Бұл тоқтау емес. Мен қазірдің өзінде 70 жастағы қарт адаммын, демалудың орнына қызметкерлерге баса назар аударамын. Мен не істеймін, әйел?

Элеонора

Зейнетке шығу, зейнетке шығу. Мұраны ең кішкентай ұлыңызбен бөлісіңіз. Ол жұмыстан шығып, жаңа сын-тегеурінге ие болғанды жақсы көретін еді. Өмір сол сияқты, аяқталатын циклдарға толы.

Азеведо маркизі

Яғни, бұл үлкен идея. Мен органдарына барып, қалған өмірімді сапарларда тамашалаймын. Мен бүгін жұмыс циклдымды жабамын.

Элеонора

Құттықтаймын. Мен сіздерді осы сапарларда ертіп жүремін. Мен де өмірді жақсы көргім келеді. Жаңа оқиғаны бастаңыз.

Жұбы күйеуге шығып, тойланады. Ондаған жылдар бойы жұмыс аяқталды. Енді оларды алаңдатудың қажеті жоқ еді. Сол гүлденген жылжымайтын мүлік туралы естеліктер болар еді.

Сауданың жаңа иесі және ашылуы.

Азеведо джозеф мұрагерлікпен шаруашылықтың жаңа иесіне айналды. Ол келгеннен кейін бизнесті ұйымдастыруға кірісті. Ол қызметкерлерді қант қамысы плантацияларына жалдап, азық-түлік саудасын ашып, бірнеше мал үйірлерін өсіре бастады. Осы кәсіпорындардың көмегімен оның жетістігі қауіпсіз болғаны сөзсіз.

Сауда ашылғаннан кейін көп ұзамай дүкенге барды.

Шарлотта

Мен дүкенге келдім. Тек пияздың фунты, екі жүз грамм ірімшік, үш нан және фунт тұз болғанын қалаймын.

Азеведо Джозеф

Солай ма?? Көп сұраймын деп ойладым.

Шарлотта

себебі біз қаржылық қиындыққа тап болып отырмыз. Анам қайтыс болды, ал әкем құжаттарына қатысты проблемаларға байланысты зейнетақы ала алмады. Осылайша, біздің аздаған табысымыз жартысына ғана жетті. Айтпақшы, мен өзімнің қаржылық жағдайымды жақсарту үшін күңгірт жұмыс іздеп жүрмін.

Азеведо Джозеф

Түсіну. Мен сіздердің армандарыңызға көмектесемін. Маған фермада жүргенде сауда жасауға көмектесетін қызмет көрсетуші керек. Сіз менімен жұмыс істейсіз бе?

Шарлотта

Мен оны жақсы көремін. Қашан жұмыс істей бастаймын?

Азеведо Джозеф

Ертең. Біздің командаға қош келдіңіздер.

Қыз шексіз қуанышпен қоштасуды айтып, әкесіне жақсы жаңалық айтып берер еді. Сайып келгенде, ол өзінің қаржылық проблемасын шешудің үлкен шешімін тапты. Құдай сенің дұғаларыңды естігеніне қуаныштымын.

Әкесімен сөйлесіңіз.

Шарлотта үйіне келіп, әкесі қуанышпен қарсы алады.

Альвин

Мен сіздердің осында болғаныңызға қуаныштымын, қызым. Ол бізге қандай жаңалық әкеледі?

Шарлотта

Мен сұраған нәрселерді сатып алдым. Сондай-ақ, менде сауда бойынша кезекші ретінде жұмысқа қабылданғаныма таң қалдым.

Альвин

Бұл өте керемет. Бірақ бұл оңай болды ма?

Шарлотта

Қожайынның маған қайғырғанына ұқсайды. Менің дұғаларымның арқасында Құдай біздің өмірімізде осы ұлы ғажайыпты қамтамасыз етті.

Альвин

Алға шық, бала. Мен сіздерге барлық қолдауды беремін.

Дуэт жаңа кезеңді бейнелейді және атап өтеді. Енді мистерия уақыты біткен болар еді. Құдай әрдайым жоғары бағаласын.

Біздің денсаулық сақтау ханымы шіркеуінің құрылысы

Шарлотта үш ай бойы азық-түлік дүкенінде жұмыс істеді. Ол достық, әдемі, сыпайы болғандықтан, бастыққа барған сайын жақындап келеді. Яғни, ол мүмкіндікті пайдалануға шешім қабылдады.

Азеведо Джозеф

Менің құрметті Шарлотта келесі сенбі күні Біздің Денсаулық ханым шіркеуінің инаугурациясы болады. Мен әлі жалғызын. Менімен бірге келе аласыз ба?

Шарлотта

Сізді, қадірлі бастықты ертіп жүргеніме қуаныштымын. Бірақ сізге қалай ілесіп жүремін? Менің жұмысым қандай болады?

Азеведо Джозеф

Менің костюмім, жиенім ретінде. Қалай ойлайсың?

Шарлотта

Ол неге ұқсайды? Есің дұрыс па? Сіз тіпті ресми тапсырыс берген жоқсыз.

Джозеф өзінің алдында тізесін тез түсірді. Бір қолымен оған міндеттеменің символы ретінде сақина ұсынды. Көңілі толды, ол сыйлыққа қабыл болды.

Шарлотта

Енді мен сенің жиенің боламын. Мен бұған өте қуаныштымын. Мен партияны асыға күтемін.

Жоспарланған күні мен уақытында олар шіркеудің ұлықтау рәсіміне қатысты. Діни басқыншылықты атап өткен адамдар көп болды. Музыка, би, қозғалыс көп болды, қатысушылардан қуаныш та көп болды. Бұл Бахиядағы Абайра муниципалитетінің дамуын белгілеген сәт болды.

Оқиғаның аяқталуы

Бір жыл өткенде неке қиды АХАЖ органдарында ресми тіркейді. Қысқа уақыт өткен соң олардың үш әдемі баласы болды. Некенің біріктірілуімен олар көптеген бақытты сәттерді бастан кешіріп, өңірдің экономикалық дамуының нығаюын көрді. Олар тарихта өлкедегі пионерлер ретінде мәңгі белгіленді.

Өміріңізде іргелі құндылық ретінде ақиқатқа ие болыңыз.

Өтірік айтпаңыз немесе босаңсыртпамыз. Ақымақ болғаннан гөрі қатты ақиқат жақсы. Ақиқатпен іргелі құндылық ретінде байсалды және жемісті қарым-қатынас орнатасыз. Маған сеніңіздер, адал әрі шынайы болу керемет.

Уақыт неғұрлым көп өтіп кетсе, соғұрлым қиынырақ нәрселер түседі.

Өмір - кедергілердің бағдарламалы бірізділігі. Біз одан әрі баратын болсақ, соғұрлым сын-тегеуріндер туындайды. Бұл бізді кез келген жағдайда өмір сүруге мүмкіндік береді. Дәл осы тәжірибе арқылы біз нағыз еркек бола аламыз.

Мен өзім басынан өткерген сын-тегеуріндерге байланысты өмірмен бетпе-бет келуге дайын адаммын. Мен рухани шебер әрі сыйлы жазушы болдым. Сонымен, егер мен солай істесем, солай бола аласыз. Өз әлеуетіңізге сеніңіздер, қалағаныңызға инвестиция салыңыздар және бақытты болыңыздар. Армандарыңызды орындауға әрқашан жаңа мүмкіндік пайда болады.

Жаман әсерлерден сақ болыңыз

Сөйлесуге, ілінуге немесе күнге жақсы компания іздеңіз. Пайдасыз дос болуға рұқсат етпе. Кім жаман болса, жаман кеңесіңізбен сізді жартас түбіне апарады. Сосын олардан аулақ болыңыз.

Өмірімнің қараңғы түні

Мен өзімнің жастарымда қараңғы тәжірибем болды, онда жанның қараңғы түні қауырт өмір сүрдім, Құдайды ұмытып кеткен кезім, принциптер мен күнәларға батып кеттім. Алайда, менің миссиямның нақты өлшемі болуы үшін осыны бастан кешіруге тура келді.

Мен өзімнің үйімнің жанындағы шөлде өкініш білдірген сұмдық тәжірибемді бастан кешірдім. Ренжігенде толық сауығып, бүгін жақсы адам баласы атандым.

Бұл менің жанымның қараңғы түнімен кездесіп, мені адам скумбриясы сияқты сезіндім, бірақ мен де өз лайықтылағымды үйрендім. Құдай менің өмірімдегі барлық кедергілерді еңсеріп, еңсере алатындай болғысы келді. Бүгін мен өзімді нағыз жеңімпаз деп сезінемін.

Құдай еркек пен әйелді некеге тұруға және көбейтуге құрды.

Адамның махаббат қарым-қатынасының жаратылысы — еркек пен әйел. Дәл солар арқылы балалар қалыптасып, өмір жүреді. Барлық жыныстық алуан түрлілікті құрметтеуге тура келгенімен және олардың еркін таңдауға құқығы бар болғанымен, еркек пен әйел жасаған отбасы ең көп тараған отбасы болып табылады.

Сынға ұшырамас бұрын өз көзқарасыңызды сақтаңыз.

Көбі басқаларды не істеп жатқаны үшін сынға алады, бірақ кейде өздері жалқаулықтан нашар екенін ұмытып кетеді. Сынға оңай, бірақ адамның өмірін өмір сүру әлдеқайда қиын нәрсе екені түсінікті.

Сынға емес, басқаларға қолдау жасауға тырысыңыз. Басқаларға қандай да бір жолмен көмек көрсетумен айналысатын адамдарды көргенде соншалықты әдемі. Сондықтан жолға шығудың орнына адамдармен дос бол.

Алыс адамдарды сүю оңай.

Біз өмір сүріп жатқан халық, отбасымыз немесе достарымыз, әрқашан айырмашылықтар бар. Бізге жақын адамдардың көзқарастарына көңіліміз толмайды және одан зардап шегудеміз. Сонымен қатар, біз бірнеше рет көретін немесе интернеттен кім білетінімізді көретін адамдарға түсіністікпен қарауға тырысамыз.

Бұл құбылыс қазіргі заманда жиі кездеседі. Адамдардың тенденциясы — орташа өмір сүру. Бірақ қатты қарайтын болсақ, миллиондардан жақсы адамдарды таба аламыз. Бұл паритеттер бізді әлі күнге дейін махаббатқа сенуге мүмкіндік береді.

Сізді түрмеге қамап отырғанның бәрінен құтылыңыз.

Сізге зиян келтіретін немесе түрмеге қамалған кез келген нәрсені өміріңізден шығарып жіберу керек. Қалай болғанда да, еркіндік круизін ертерек берсеңіз, ол сіздің өміріңіз үшін жақсы болады. Иә, барлық жағдайда өз тарихыңыздың протагонист болыңыз. Басқаларға өз өміріңізді басқаруға жол бермеңіздер. Өмірмен бетпе-бет келіп, шынайы бақытқа алып келетін дұрыс таңдау жасауға өзіңізге батылдық танытыңыздар.

Біз басқалардың айырмашылығымен өмір сүруді үйренуіміз керек.

Біздің бәрімізде өз пікіріміз бар және айналамыздағы басқа адамдардың пікірлерінен жиі ерекшеленеді. Сондықтан әлемде бар сан алуандылықтың әрқайсысын қалай құрметтеу керектігін білу қажет. Демек, біз барлық адамдарды дос немесе серуендеу серіктері ретінде түсініп, қарсы алуымыз керек.

Мен әрқашан барлық адамдармен толық түсіністікпен адам болдым. Бірақ біз басқаларда салыстыруларды әрдайым таба бермейміз. Яғни, айырмашылықтар пайда болған кезде. Көбінесе келісімге келу мүмкін емес.

Егер мүмкін болса, өз өміріңізді өз бетінше өмір сүріңіз. Бірақ егер шынымен де компаниядағы сол ұстанымға тәуелді болсаңыз, онда адамдармен қалай өмір сүру керектігін білуге тура келеді. Онда ортаңғы жер жоқ.

Пайымдауды қолданбайды, адамды білмейсің

Біз адамдарды үстірт қана білеміз. Олардың жүректің шынайы ниеті қандай екенін және неден өтіп жатқанын білмейміз. Сондықтан адамдарды не істегені үшін ешқашан бағаламаңыздар. Төрелік ете алатын жалғыз адам - құдай, ол өзінің барлық атрибуттарында керемет.

Құдайға шүкір, мен әрқашан адамдарды пайымдаудан артық көрдім. Мен ешқашан ешкімді жоққа шығардым, себебі адам күнә жасады, себебі кез келген адам өмір проблемаларына ұшырайды.

Біз бәріміз мейірімді бауырлар болып есептелеміз. Егер ойлануды тоқтатсаңыз, біз шынымен де солаймыз. Сонымен, егер біз бір-бірімізге көмектесе алатын болсақ, бұл Құдай үшін әдемі.

Біз сүйетін адамдардан қалыс қалу қиын.

Егер сізге қамқорлық жасайтын адам ұзақ уақыт болмаған болса немесе ешқашан сізге қайтадан баруға келмесе, яғни ол сені сүймейтін үлкен белгі. Біз бір-бірімізді әбден жақсы көргенде, мүмкіндігінше жақын болғымыз келеді.

Кім сүйсе, қарым-қатынаста көрсетуі керек. Егер адам сені жақсы көретінін, бірақ көзқарастарда көрсетпейтінін айтса, онда бұл үлкен ферз. Сонымен, бұл жалған махаббаттарды өміріңізден жойып, жалғыз, бірақ бақытты өмір сүріңіз.

Сәтсіздіктерді неғұрлым көп ойласаңыз, соғұрлым оларды көбірек тартасыз.

Сәтсіздіктеріңізді ұзақ уақыт бойы берекеге ұшыратпамыз. Егер солай істесеңіз, бұрынғы кезде орны толмас түрмеге қамалып, өмірде ілгерілей алмайсыз. Жаман естеліктерден құтылып, жаңа талпыныстарыңызды бастаңыз. Жаңа сәтсіздіктер орын алуы мүмкін, бірақ бұл өмірдің бір бөлігі.

Арманы бар, бірақ оларды алу үшін ештеңе істемейтін адамдарға таң қалдым. Яғни, бұл өте жаман. Олар нәрселер оңай болады деп ойлайтын жалқау адамдар. Бірақ өмірдің өзі оңай емес. Жеңіске жету үшін көп күш қажет.

Әрбір жаман оқиғамен жоғары көтеріл.

Қанша рет жаман нәрсені сынап көргеніңіз немесе зардап шеккеніңіз маңызды емес. Өмір бізді құлдырата алатын күтпеген оқиғаларға толы. Сол сәтте ауырсынуды емдеп, жоғары көтеріліп, алға жылжиды. Өмір сізді үлкен жаңалықпен, қуанышпен, сүйіспеншілікпен, фантастикамен, әңгімелермен, жеткізілімдермен, көптеген кешірім жасаумен күтеді. Әрқашан да бастайтын кез келді.

Мен әрдайым арманыммен өте табанды болдым. Сәтсіздікке ұшыраған сайын өзімді ешқашан мазасыздануға жол бермеймін. Осылайша, мұны бәрі дұрыс болатын өміріңізге дұрыс қолданыңыз. Әсіресе, сіздердің бастамаларыңызда сәттілік тілеймін.

Біздің өміріміздегі әрбір жеңістің тарихы бар.

Бұл бізді бақытты ететін жеңістің өзі емес. Жеңістерімізде бізді бақытты ететіні – табыс үшін күресте жасаған әрбір қадамымыз. Жеңіске жеткенде біздің санамызда азап шегуден қалаған жаулап алуға дейін фильм өтеді. Бұл жаман жақсылық жасайды.

Көптен бері жеңіске жеттім. Бұл біздің плантациямыздың жемісін жиып жатқанымызды дәлелдейді. Ол біз қалаған кезде емес, Құдай бізге рұқсат бергенде. Сонымен, арманыңыз болса, алға шығып, ешқашан бас тартпаңыз.

Әдебиетімнің шегі менің қиялым болсын.

Мен барлық оқырмандарға әңгімелер жасауды жақсы көретінімді мойындаймын. Менің қиялым арқылы оқырман бұрын-соңды сезінген емес сезімдерді бастан кешіре алады. Кітапта мынау лайықты: шегі - біздің қиялымыз. Біліммен ұштастыра отырып, қиял әдебиетте ғажайып нәтижелер береді.

Әдебиет менің үлкен қызметім болғанымен, менің де жұмысым бар. Бұл екі іс-шара менің өмірімді жорамал ақыл-ойымды алатындай етіп толтырады. Мен өз арманыммен алға жылжимын және оқырмандар менің ұсынып отырғанымды жақсы көреді деп үміттенемін.

Адал әрі тыныш серуенге шығыңыз.

Өмір ең жақсы жолмен өмір сүруді білдіреді. Өмір бізден серуендеуді талап етеді және бұл әрекет адалдықпен, еркіндікпен, махаббатпен, жомарттықпен, қуанышпен, тырнақпен, батылдықпен және сеніммен жасалуы тиіс. Адамдармен әдепті болыңыздар және Құдай сізге екі есе көп төлейтін болады.

Өткенде жасаған ештеңеге өкінбеймін. Бәлкім, ешкімге қасақана ештеңе істемегендіктен айтар едім. Сөйтіп, құдайдың көз алдында айқын да керемет ар-ұжданым бар. Мен өзімнің ауылдық қарапайымдылығымда оянып, ұйықтап жатқаныма қуаныштымын.

Өз еңбегіңнен ұялмаңдар.

Кез келген шығарма мойындауға және қол шапалақтауға лайықты. Үй тазалаушы ретіндегі ең қарапайымынан бастап компанияның үлкен басшыларына дейін. Әлемде әркімнің басты рөлі бар.

Мен әрқашан жұмыс орындарын жақсы көрдім және ешқашан қажырлы еңбекпен бетпе-бет келуден қорықпадым. Мен фермер, ұстаз, мемлекеттік қызметкер, кинорежиссер, музыка композиторы, жазушы, оның ішінде басқа да кәсіптер болдым. Осы жұмыс орындарының барлығында мен барынша көп нәрсені бердім және олардың Әрқайсысына өте қуаныштымын. Сондықтан өз жұмысыңызды мақтан тұтып, соған кірісіңіздер. Жалқаулықтың сізге қамқорлық жасауына жол бермеңіздер. Қуанышпен және оптимизммен жұмыс істеу.

Мейірімділігіңізге ешқашан ренжімеңіз

Біз сиқырлы рөлдерді қаншалықты ойнаймыз және адамдар біздің мейірімділігімізді пайдаланып, жақсылық жасауға көшеді. Күнә сендерде емес, екіншісінің жамандығында. Қайырымдылық ісіне жүрек айтқаннан артық ештеңе жоқ. Біздің барлығымызбен жақсы қарым-қатынаста екенімізді түсіну өте қуанышты.

Мен әр жағдайда әрдайым жақсы болдым. Бұл адамдардың түсініксіздігі мен белгілі бір арақашықтықты туғызды. Сынға қамқорлық жасамай, актерлік қызметін де солай сақтап қалдым. Сол үшін мен әрдайым бақытыммен марапатталдым.

Сондықтан жақсылық жасау айналаңызда жақсы атмосфера туғызады, ол сізді ең жаман нәрселерден жеткізеді. Құдайға және оның өз өміріңізге арналған жобасына сеніңіз. Барлық игіліктер сіздің өміріңізде жасаушының ерік-еркімен болады деп сеніңіз.

Діңіңіз жоқ сияқты өмір сүріңіз.

Діни фанатизм – керемет нәрсе. Ол біз жасамайтын моральдық ережелерге түрмеге қамалған. Белгілі бір дінге тиесілілек біздің бостандығымыз бен өзіміздің ойлау тәсілімізді жойып жіберу үшін жеткіліксіз болуы керек.

Мен барлық жақсы діндерге сенемін. Мен Құдайға және жақсы рухтарды қорғауға сенемін. Бірақ мен фанатик емеспін. Менің өмірім өз шешімімді еркін қабылдай алады, сондай-ақ менен басқаша ойлайтын адамдар бар екенін түсінуге ашық ойым бар. Сіздің діни таңдауыңыз басқа адамдардың таңдауын тұншықтыруға құқық бермесін. Сыйластық әрқашан бірінші болып келуі тиіс.

Бір үйде өмір сүру күрделене түседі.

Адамды уақыт өте келе көргенде олардан жалған әсер алуы мүмкін. Қиындық – күн сайын өмір сүру, яғни барлық ақаулар пайда болған кезде. Сондықтан үйіңіздің ішіне түсініксіз адамдарды қоюдан сақ болыңыз.

Кейде жалғыз өзім дүниеге келдім деп ойлаймын. Менде басқа адамдармен қарым-қатынаста қиындықтар көп. Мен әрқашан ешқашан топтық достық жасамаған баланың бір түрі болдым. Сондықтан мені жалғыз өзім жақсы деп санауға итермелейді. Дегенмен, бір күні бойжеткен болуы мүмкін екенін жоққа шығармаймын. Біз тағдырдың біз үшін қандай болатынын ешқашан білмейміз.

Бала тууды армандадым.

Ұзақ уақыт бойы бойжеткен мен балаларыммен бірге керемет отбасын құруды армандадым. Бірақ уақыт өтіп, жаңа міндеттер пайда болды. Бұл менің арманымды артта қалдырып, оны іс жүзінде мүмкін емес етті.

Отбасы мүшелері сізге тәуелді болғанда тұрмысқа шығу және бала туу туралы ойлану өте күрделі. Тағдыр мені тастап кеткен осы жауапкершілікте қалғанымды сезінемін. Бірақ менің болашағым он жылдан, 20 жылдан, тіпті отыз жылдан кейін қандай болатынын нақты білмеймін. Болашақ бақыт тағдырын сақтамайтынын кім біледі? Қазірге дейін бұл жай ғана үлкен арман.

Мен қазіргі кезде көп күтпеген жерден өмір сүремін. Құдайға көп сеніммен барамын. Маған жазылғанның бәрін мен бір күн аламын. Осылайша, мен өмірде сақтықпен жүремін. Құдай баршаңыздың табысын қастерліңіз.

Көңіліміз толмай қалғанда, ол бізді өзгертуге ынталандырады.

Өмірде бізді наразы ететін белгілі бір жағдайлар бар. Бұл жағдайлар бізді жайлылықтас алып, өзгерістердің жақсарғанын қалайды. Бұл әсіресе жақсы. Сын-тегеуріндер бізді өз қабілетімізді көрсете алатын іс-қимыл позициясына қояды.

Жеке өмірімде әрдайым тәжірибелі болдым. Бәрі мені сақтықпен, бірақ дәл және тиімді әрекет етуге алып келді. Нәтижелерге өз еңбегіммен қол жеткіздім. Мен кеніштің әр жетістігіне үлкен өзгеріс болғандай қуаныштымын. Мен үлкен жеңімпаз атандым.

Табыс формуласы қарапайым: көп батылдық, көп күрес, көп адалдық, табандылық пен жасалған іс-әрекетке деген сүйіспеншілік. Мүмкіндіктің жоқтығына шағымданып отырғандықтан қолданбайды. Ештеңе де оңай келмейді немесе жүрмейді. Бізге адам зұлымдықпен басып оза алу үшін ішкі кернеу керек. Нағыз адамдар болу үшін біздің қадірлі еркіндігіміз керек. Біз өз махаббатымыз бен өз өмірімізде басымдылыққа ие болуға тиіспіз. Махаббат үгінділерін ешқашан ешкімнен қабылдамаңыз.

Интерьер туралы әрқашан ойлаңыз

Аффект кезінде медитация жасауға тырысыңыз. Терең дем алыңыз, тыныстаңыз, басын көтеріңіз, ішкі шағылысуыңызды негізге ала отырып шешім қабылдаңыз. Өмірде сізді не жылжытатынын өзіңіз табуға тырысыңыз. Іштей медитация жасай отырып, барлық проблемаларыңызға қажетті жауап табасыз. Жақсы шағылыстыру сізді пен азаптаулардан босатады. Бұл біздің эмоциялық тепе-теңдігіміз үшін қажет.

Әлем – үлкен оқу жолы деп есептеймін. Әлем сақталып отыр және біз осында біраз уақыт болдық. Сонда неге зұлымдық отырғызылады? Неге біз жақсылық жасауға қалдырған аз уақытты пайдаланбаймыз? Менің ойымша, бұл жеке таңдаулар реализмінің бір бөлігі. Құдайға сенгенімдей, албастыға сенетін және ғибадат ететін адамдар да бар. Дәл осы екі қарама-қарсы күш біртұтастықта сақталады. Ал бұл айырмашылықтарды қалай болса солай құрметтеуге тура келеді.

Біз жер бетінде ерекшелікке қол жеткізу үшін осындамыз. Біз адамзаттың ілгерілеуіне көмектесеміз. Ол қандай әдемі миссия емес?

Кейде біз күн сайын өзімізге жүктелген жауапкершіліктің мөлшерін түсінбейміз. Жеке міндеттемелерден басқа достарымызбен және таныстарымызбен бірге өмір баршаға жақсы болуы үшін әлем туралы ойлану керек.

Бұл мені жеке мақсаттарды ойлантуға итермелейді. Алға қойған мақсаттар бізді еңбекке, күш-жігерге, жоспарлауға, жеке интеллекттек қол жеткізуге бағыттады. Бұл сондай-ақ негізгі қағидаттары жоспарлау, талдау және әрекет ету жоспарлары болып табылатын мемлекеттік басқаруды еске салады. Бәрі де біздің өміріміздегі маңызды контекст болып табылады. Біз аз білсек те, көбірек білетіндерге өз үлесімізді қосатын нәрсеміз бар. Осылайша кәсіби цикл керемет жабылады.

Жұмыс туралы сөз болғанда, әр түрлі қабілеттерге ие болса да, адамдарды бағалау туралы ойлану керек. Біз қуаттылығы бірдей қызметкерлер үшін әр түрлі таразыларды пайдалана алмаймыз, бірақ қуаты жоғары қызметкерлер арасында дифференциация жасай аламыз. Бұл еңбек тұрғысынан теңдік мәселесі.

Неке қию кезіндегі жауапкершілік

Неке қию – үлкен жауапкершілік. Некенің жұмыс істеуі үшін ерлі-зайыптылар арасында кең байланыс қажет. Ол түсіністікті, шыдамдылықты, тұрақтылықты, толеранттықты, махаббатты, қатысуды қажет етеді.

Мен ешқашан махаббатпен өзара түсіністік танытудың қаншалықты қиын екенін үлгі тұтатын ешкіммен жұмыс істеген емеспін. Сүйіспеншілік - бірнеше адамның артықшылығы. Кейде тұрмысқа шығу үшін дүниеге келмедім деп ойлаймын. Бәлкім, сол себепті менің махаббаттағы үлкен табыстарым шығар. Бірақ, бәлкім, бұл жай ғана кейіпкердің сәйкес келмеуі шығар.

Егер сіз махаббатқа ғашық болсаңыз, тойлаңыз, ләззат алыңыз. Бұл заманда өмірде махаббат дүниені сақтап қалады. Жақындары арқылы ұлы халықтар, ұлы ғимараттар, ұлы ғажайыптар тұрғызады. Махаббат - әлемдегі ең жақсы нәрсе.

Өмірі мен өліме

Ежелгі заманда су тасқыны жерді қиратты. Су тасқыны барлық тауларды қамтыды және жер бетінде өмір сүрген тірі жандарды қырып-жойды. Тек Нұх пен оның отбасы ғана қалды. Су тасқынынан кейін Құдай бірде-бір су тасқыны жер бетіндегі тіршілікті жоя алмайтындай тірі жандармен өз комендантын орнатты. Құдай ерлердің жақсы немесе жаман бола алатынын көрді, сосын ол осы дуализмді қабыл алды.

Ежелгі замандардағы Құдайдың жер бетіндегі жазасы Құдайдың адамға арналған жоспары оның керемет болғанын көрсетеді. Жобада бірдеңе дұрыс болмады, содан кейін адам жаман болды. Бірақ дұрыс Құдай арқылы бізге өмірдің жүріп жатқанына мүмкіндік бергені жақсы.

Біздің өміріміз бен өліміміз – өміріміздің соңы. Бізде Құдайда мол өмір бар және өлім – рухани әлемге өту, онда біз бағалаймыз. Өмірімізді қалай басқару керектігін білу – бізді табыс пен бақытқа апаратын ең жақсы қарым-қатынас.

Өмірді көрсете отырып, біз өз жолымызды табуымыз керек деп ойлаймын. Осылайша біздің отбасымыз, туыстарымыз, достарымыз, таныстарымыз, оқырмандарымыз, табынушыларымыз, ізбасарларымыз, қысқаша айтқанда, бізді қолдайтындардың барлығы одан әрі жалғасу мақсатында қосылады. Біз отбасымыздың құрамына кіретін осы адамдардың бәрісіз ештеңе емеспіз. Сондықтан осы адамдардың бәрінің өршіл, қарапайым, ең алдымен саяхат серіктері болайық.

Анам туралы аздап

Анам Пернамбуконың кішкентай жылқы өңірінде дүниеге келген. Ол басқа он ағайынды қарапайым ағаш үйде дүниеге келген. Олардың әкесі мен анасы шаруалар болған. Тұқымдастың генетикалық шығу тегі португал, байырғы және испандық.

Анам балада көптеген қаржылық қиындықтарды бастан өткерді. Ол ата-анасына көмектесу үшін бақта ерте жұмыс істеуге тура келді. Ескі күнде жергілікті фабрика сатып алған ірі қызанақ плантациялары жасалды.

Анам ерте тұрмысқа шығып, күйеуінің үйіне көшіп кетеді. Олар Бразилияға көшіп келді, бірақ әкеммен болған апатқа байланысты Пернамбуко қайтып оралды. Анамның алты әдемі баласы болды, олар бүгін менің ең ұлы мұрам. Менің ата-анам қайтыс болды, ағам Аденилдо да солай істеді. Менің ағамның қадірлі жиендерім болып табылатын үш әдемі баласы болды. Яғни, менің тамырым туралы аздап айтылады.

Ағам Аденилдо туралы кішкене ғана

Аденилдо менің екінші үлкен ағам еді. Ол фермер, сондай-ақ менің басқа бауырларым еді. Ол ерте кезден-ақ, жетпісінші және сексенінші жылдары Парайба штатындағы қызанақ плантацияларында жұмыс істеуге тура келді. Осы қызанақ екпелерінің табысымен әкем біз тұратын қазіргі жерді сатып алды.

Осыдан кейін ол жаңа үмітке оралып, бірнеше шығып, ақырында үш әдемі баласы бар үйленді. Мен әрқашан оның отбасына жұмыссыз жүргенде қаржылай көмектестім. Әлі жас, қырық сегіз жасында өкпе инсульті мен тромбозға шалдыққан, бұл ақыр соңында оның өліміне әкеп соқтырған. Олар отбасынан, әйелі мен олардың үш баласына қалды.

Менің үлкен арманым бүкіл әлемді аралап шығу еді.

Сіз әлемнің әр еліне үлкен сапармен баруды ойладыңыз ба? Бұл өте керемет болар ма еді, солай болмас па еді? Барлық жердегі мәдениеттерді, әр елдің астаналарын, көрікті жерлерін білу, осы адамдармен әңгімелесу.

Бірақ менде бүкіл әлемді аралап шығуға тырыспаған болар едім. Мен ұшудан қорқамын. Осылайша, үйге жақынырақ әдемі жерлерді білгенді жөн көремін.

Басқалар дұрыс түсінбесе де бақытты болыңыз

Әлем сені түсінбей, аңдып жүр. Әлем сізді қамқорлығыңыздың жоқтығынан адастырады. Сонда сіз өзіңізден сұрайсыз, мен бұған лайық не істедім? Сіз мүлдем ештеңе істемедіңіз. Тек басқалардың ойлағаны ғана сенетін нәрседен өзгеше. Оның үстінен өтіп, ақиқатыңызды өмір сүріңіз.

Жас кезімде басқаларды қуантағаным үшін өзімді кінәлі сезіндім. Мен маған ешкім ұнамағанын дәрменсіз және қайғылы сезіндім. Бірақ қателік сол жерде жатыр. Сендерге ұнайтын адамсың. Өзіңізді бағалағанда бақытқа жақын екенсің. Өзіңді сүйгенде басқаның махаббатын тартасың. Мұны тартудың әмбебап заңы деп атайды.

Әрекеттеріңізді ешкім меңгермесін.

Жаман әсерлерден құтылу үшін дербестікке ие болу. Өз еркіңізді жүзеге асыру үшін дербестікке ие болыңыз. Бұл жол берілмейді, сосын біреулер үшін айналаңда бастық болғысы келеді. Қуыршақты басқалардың қолына айналдырмау үшін осы құқықты жүзеге асыру керек. Қорықпаңыздар. Өз бостандығың үшін күресіп, бақытты бол.

Мен әрқашан отбасымның әсеріне ұшырадым. Бірақ ықпалдың бұл қарым-қатынасы сөзсіз болатынын түсінемін. Олар маған қаржы саласында тәуелді және мен жасап жатқанның бәрі оларға әсер етеді.

Сондықтан мен тек өзім үшін ғана емес, төрт адам үшін де шешім қабылдауға тиіспін.

Қаржылық және эмоциялық тәуелділіктің мұндай жағдайы мені алаңдатып отыр. Бірақ мен ештеңе мәңгі емес екенін түсінемін. Ол мүлдем еркін болатын уақыт келеді. Бәлкім, мен бұл еркіндікті кейбір мәселелер бойынша асыра пайдаланған шығармын. Сондықтан менің қазіргі жағдайым жақсы деп есептеймін.

Өзімшілдік - кемістіктің ең жаманы.

Өзімшілдік сендер үшін жақсы нәрселерді қалайды. Әлем алып, көптік екенін түсінемін, көптеген адамдар өз табыстары үшін күн сайын күресіп келеді. Ендеше, неге бір-бірінің бақытын көргісі келмейді? Мен өзім білетін барлық адамдарға, достарыма немесе жауларыма сәттілік тілеймін. Басқалардан жақсылық керек болғанда, орнына үш есе көп алады.

Өзімшілек бұл күндерге сай келмейді. Бізге біріккен әлем, мықты, бірге күресу керек. Бізге зұлымдық шеңберін бұзып, махаббат пен ынтымақтастықтың жаңа қарым-қатынастарын құратын адамдар керек. Әлемге сауатты, адал, жақсы және мол адамдар қажет. Әлемдегі жақсылыққа үміттенейік.

қорытынды

www.ingramcontent.com/pod-product-compliance
Lightning Source LLC
LaVergne TN
LVHW010604070526
838199LV00063BA/5069